Knaur
MensSana

Im Angedenken an David Bohm und David Shainberg,
Erkunder ungewisser Strömungen

Inhalt

Danksagung

Die Autoren bedanken sich bei all jenen, die an der Fertigstellung des Manuskripts mitgewirkt haben. Unser Dank gilt Joanna und Maureen, die das Chaos ertragen haben, sowie Silvio Tavernise, Lucinda Tavernise, Lynda Keen, Michael Patterson, Frank McClushey, Gideon Weil, Kim Witherspoon und vor allem David Godwin; unserem Lektor Jeremie Ruby-Strauss, der die Idee zu diesem Buch hatte und ohne den es niemals zustande gekommen wäre, und der Landschaft und den Menschen in Pari, Italien, wo es zum Teil geschrieben worden ist.

Vor allen Worten

Die Metapher der Chaostheorie

Man kennt zuweilen das Gefühl, daß sich das Leben der Kontrolle entzieht und dem Chaos zustrebt. Die Naturwissenschaften halten jedoch bemerkenswerte Neuigkeiten bereit. Das Leben ist immer schon *im* Chaos – nicht nur gelegentlich, sondern die ganze Zeit. Mehr noch, die neue Wissenschaft verweist darauf, daß ein individuelles und kollektives Verständnis von Chaos unser Leben drastisch verändern kann.

Menschen neigen dazu, das Chaos zu hassen und, wenn möglich, zu meiden. Die Natur hingegen bedient sich seiner auf bemerkenswerte Weise, um daraus Neues zu schaffen, den Ablauf von Ereignissen zu gestalten und das Universum zusammenzuhalten. Diese Einsicht ist etwa dreißig Jahre alt und wurde seitdem intensiv erforscht. Erst jetzt aber beginnt man, sich mit der Bedeutung zu beschäftigen, die das Chaos sowohl für den einzelnen Menschen als auch für die Gesellschaft hat.

Aber was ist Chaos? Die Antwort ist vielschichtig und bedarf ein wenig der Erklärung. Zunächst erweist sich Chaos als weit subtiler als die alltägliche Vorstellung, die darin lediglich ein vom Zufall erzeugtes Durcheinander sieht – wie das Mischen eines Kartenblatts, die in einem Roulettrad herumschwirrende Kugel oder eine Felslawine, die an einem Berghang niedergeht. Der wissenschaftliche Begriff Chaos bezieht sich auf die grundlegenden Wechselbeziehungen, die in scheinbar zufälligen Ereignissen gegeben sind. Chaos, so die Wissenschaft, richtet das Augenmerk auf versteckte Ordnungsstrukturen, auf Nuancen, die »Empfindlichkeit«, die Sensibilität der Dinge und die »Regeln«, wie aus Unvorhergesehenem Neues entstehen kann. Es ist der Versuch, die Antriebskräfte zu verstehen, aus denen Gewitter hervorgehen, reißende Flußläufe, Wirbelstürme, zerklüftete Berggipfel, gezackte Küstenlinien – überhaupt alle komplexen Strukturen, von Flußdeltas bis hin zu den Nerven und Blutgefäßen in unserem Körper. Zur Veranschaulichung betrachte man die folgenden vier Abbildungen, in denen Chaos auf verschiedene Weise zum Ausdruck kommt.

Das erste Foto, aufgenommen vom Hubble-Weltraumteleskop, zeigt die Kollision zweier Galaxien. Wie bei einem Kieselstein, den man in einen See wirft, werden bei diesem gewaltigen Zusammentreffen enorme Energiewellen in den Weltraum geschleudert, die mit ca. 350 000 Stundenkilometer wabernde Gas- und Staubschichten vor sich her treiben. Dies entspricht der herkömmlichen Vorstellung von Chaos, doch innerhalb des äußeren heißen Gasrings entstehen Milliarden neuer Sterne. Man sieht also: Chaos ist sowohl Tod als auch Geburt, Zerstörung und

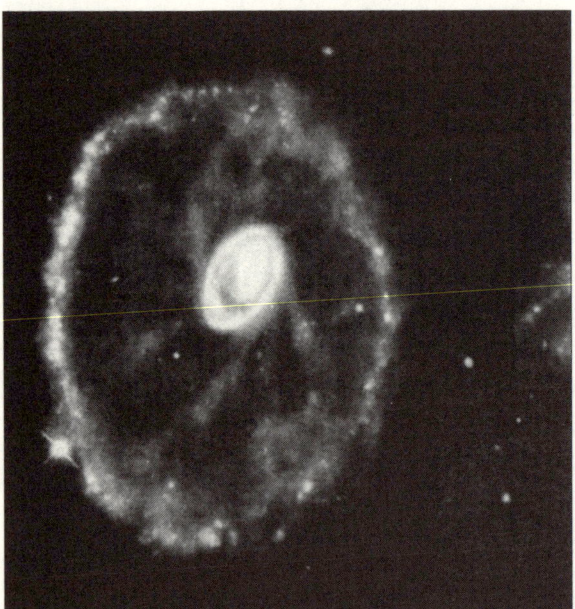

©NASA

© John Briggs

© John Briggs

© Silvio Tavernise

Neuschöpfung. Aus dem ursprünglichen Chaos der Gase entfalten sich die unterschiedlichsten Spielarten stabiler Ordnung, zu denen möglicherweise auch Planetensysteme mit sehr regelmäßigen Umlaufbahnen wie das unsere gehören. Subatomare Teilchen, die in den allerersten Augenblicken des Urknalls, bei der Geburt des Kosmos, gebildet wurden, sind, eingebunden in geordnete Strukturen, noch immer in unserem Körper vorhanden. Wenn wir sterben, kehren sie in den Fluß des Chaos zurück, der hier auf der Erde ebenso am Werk ist wie in dieser galaktischen Explosion. In gewisser Weise ist diese Fotografie also eine Aufnahme des Chaos, das in jedem von uns existiert.

Das zweite Foto zeigt die Strömung eines Gebirgswasserfalls. Die scheinbare Unordnung verdeckt hier ein ihr zugrundeliegendes Muster. Wenn man am Rand des Wasserfalls sitzt, wird man bemerken, daß die Strömung stabil ist und sich gleichzeitig ständig verändert. Das ständige Herabfallen des Wassers schafft komplexe Formen, die sich fortlaufend erneuern.

Dieser Wasserfall ist also eine weitere Metapher für uns selbst. So wie der Gebirgsbach wird der menschliche Körper ständig erneuert und durch den Austausch seiner Zellen transformiert. Und auch das »Selbst«, das, wie wir glauben, im psychologischen Zentrum des Körpers liegt, ist ebenfalls im Fluß. Wir sind »dieselbe« Person, die wir vor zehn Jahren waren, und gleichzeitig eine völlig *neue* Person. Aber man kann noch weiter gehen.

Nach kurzer Überlegung zeigt sich, daß der hier abgebildete Wasserlauf untrennbar mit den vielen anderen Ökosystemen verbunden ist, an die er sich anschließt – den Tieren und Pflanzen, die von seinem Wasser trinken, den Zweigen, Blättern und Samen, die auf seinen Wellen dahintreiben, dem Klima und dem Wetter der Gegend, der Umlaufbahn des Planeten, die für die Entstehung der Jahreszeiten verantwortlich ist. Ähnlich ist jeder Mensch als Individuum mit dem System der Natur, der Gesellschaft und der gedanklichen Vorstellungen, die ihn umgeben und durch ihn hindurchfließen, verbunden. Er ist eingebunden in Bewegungen, die sich gegenseitig beeinflussen und auf zahlreichen Ebenen unvorhersehbares Chaos entstehen lassen. Doch aus diesem Chaos entstehen alle physikalischen und psychologischen Ordnungen, die wir kennen.

Das dritte Foto zeigt ein nur allzu bekanntes Bild aus dem alltäglichen Chaos, ein vom menschlichen Denken und der Technologie erzeugtes Gewirr. Fahrzeuge, die einzeln den konstruierten Raum eines Straßensystems befahren, treten zueinander in Wechselwirkung und schaffen alternierende Regionen, in denen sich der Verkehr staut, in denen es plötzlich nur noch im Stop-and-go vorangeht, und Fahrspuren, in denen der Verkehr frei fließt. Von einem der Fahrzeuge heraus betrachtet erscheinen die Bewegungen des Verkehrs zufällig und strukturlos. Aus der Perspektive eines darüber hinwegfliegenden Flugzeugs aber werden subtile Muster sichtbar – eine verborgene Ordnung innerhalb des Chaos.

Die vierte Abbildung zeigt nochmals eine andere Darstellung des Chaos. In den logisch geordneten Strukturen der Mathematik lauert eine turbulente Zahlenmenge, die nach Benoit Mandelbrot benannt ist, dem Mathematiker, der sie entdeckt und berühmt gemacht hat. Man stelle sich die Fläche innerhalb des rechteckigen Rahmens als die dicht aneinanderliegenden, mikroskopisch kleinen Punktreihen eines Bildschirms vor. Jeder Punkt entspricht einer Zahl und ist entweder weiß oder schwarz eingefärbt, abhängig davon, wie sie reagiert, wenn sie in eine bestimmte Gleichung eingefügt wird. Wird die Gleichung »iteriert«, das heißt ständig wiederholt, nähern sich manche Zahlen der Null an.

Das große weiße warzige Gebilde mit seinen kleineren Kopien besteht aus Punkten, an denen die Zahlen gegen Null gehen und dort verharren. Aber entlang der Ränder dieser weißen Gebiete geschieht etwas Seltsames. Die Zahlen erzeugen hier Strukturen, die wie außerirdische Lebensformen brodeln und perlen. Der Grenzbereich füllt sich mit eigenartigen, unvorhersehbaren Wiederholungen. Dieses bizarre Verhalten zeigt, daß Chaos – und seine paradoxe Ordnung – selbst in der strengen, rein mathematischen Logik verborgen ist. Für viele ist dieses mathematische Objekt

von faszinierender Schönheit. Tatsächlich ist die ästhetische Anziehungskraft eine der wichtigen Eigenschaften des Chaos.
Die Wissenschaftskultur, die uns in den letzten einhundert Jahren in zunehmendem Maße umgibt und – wie viele sagen würden – einengt, betrachtet die Welt unter den Gesichtspunkten von Analyse, Quantifizierung, Symmetrie und Mechanik. Die Chaostheorie trägt dazu bei, sich von diesen Restriktionen zu befreien. Indem man das Chaos anerkennt, beginnt man die Welt wieder als Fluß von Strukturen zu erleben, die mit plötzlichen Wendungen, seltsamen Spiegeln, überraschenden Beziehungen und der unvermeidlichen Faszination des Unbekannten ausgestattet sind. Chaos erlaubt, die Welt so wahrzunehmen, wie sie Künstler seit Tausenden von Jahren wahrgenommen haben.
Seit Mitte der achtziger Jahre hat der Begriff des Chaos den Bereich der Wissenschaft, in dem er entstand, weit hinter sich gelassen. Es gibt Künstler, die sich auf das Chaos berufen, wenn sie von ihren Bildern oder Gedichten sprechen. Die Chaostheorie spielt in so erfolgreichen Filmen wie *Jurassic Park* eine Rolle. Sie wird in der Medizin, der Wirtschaft, in militärischen Planspielen, bei der Beschreibung gesellschaftlicher Prozesse und in Theorien zur Bildung und Veränderung von Organisationsstrukturen angewandt. Chaos ist auf dem besten Weg, von einer wissenschaftlichen Theorie zu einer neuen kulturellen Metapher zu werden. Und als solche ermutigt es, bislang gepriesene Überzeugungen in Zweifel zu ziehen und neue Fragen zur Realität zu stellen.
Die Geschichte kennt zahlreiche Beispiele, wie sich aus wissenschaftlichen Ideen kulturelle Metaphern entwickelten. Als Kopernikus behauptete, die Erde drehe sich um die Sonne, stellte er nicht nur einen Glaubenssatz der mittelalterlichen Philosophie in Frage, sondern löste wesentlich mehr aus. Er trug dazu bei, daß sich das Interesse der abendländischen Kultur von Gott und dem Leben nach dem Tod ab- und dem Individuum und den Gesetzen der Natur zuwandte. Als Metapher verlieh das neue Bild des heliozentrischen Sonnensystems der europäischen Renaissance, die gerade im Entstehen begriffen war, enorme Schubkraft, so

daß nicht nur Wissenschaftler und Philosophen das Universum und die Rolle des Menschen darin wesentlich anders wahrnahmen als vorher.

Darwins Evolutionstheorie hatte eine ähnlich revolutionäre Wirkung. Sie legte dar, daß der Mensch sich von den Tieren nicht unterschied und sich wie sie, eingebettet in das Ganze der Natur, über einen langen Zeitraum hin zu seiner jetzigen Gestalt entwickelt hatte. Darwin verglich die Evolution des irdischen Lebens mit den sich verzweigenden Ästen eines Baums. Heute werden sogar psychologische Vorgänge mit evolutionären Begriffen beschrieben. Wir sehen uns als Wesen, die aus Instinkten, Trieben und Reflexen bestehen und die genetisch determiniert sind. Als soziale Metapher diente Darwins Vorstellung vom »survival of the fittest« (»dem Überleben der Tauglichsten«) zur Rechtfertigung von Klassengegensätzen, des wirtschaftlichen Wettbewerbs und der Ausbeutung der arbeitenden Bevölkerung. Darwinistische Vorstellungen sind so tief in uns verwurzelt, daß wir fast zwangsläufig glauben, was untergeht, müsse in irgendeiner Weise fehlerhaft sein, während das, was überlebt, »besser« sei.

Was mit Darwins wissenschaftlichen Ideen geschah, ist äußerst lehrreich. Wissenschaftliche Vorstellungen, die zu kulturellen Metaphern werden, sind wie Medizin – in der richtigen Dosierung und im richtigen Kontext können sie sehr heilsam sein, falsch eingenommen aber entfalten sie schädliche Nebenwirkungen.

Momentan ist es noch zu früh, um sagen zu können, ob die Chaostheorie ebenso weitreichende Auswirkungen auf das menschliche Bewußtsein hat. Chaos als Metapher aber hat mit diesen früheren wissenschaftlichen Theorien eines gemein: Es eröffnet radikal neue Denk- und Sichtweisen auf die Wirklichkeit. Gleichzeitig aber verfügt es über eine ihr innewohnende Bescheidenheit, die den früheren wissenschaftlichen Metaphern fehlte. Chaos handelt ebensosehr von dem, was man *nicht* wissen kann, wie von dem, was als gesicherte Tatsache vorliegt. Es handelt davon, loszulassen, Grenzen zu akzeptieren, das Magische und Mysteriöse zu feiern.

In diesem Buch wird in Form von 7 Lektionen – eigentlich 7,1325 ... (die irrationale Zahl 7,1325 ... steht für die Bescheidenheit) – das entwickelt, was man als die Metapher des Chaos ansehen kann. Diese Lektionen sind keine Rezepte, die vorschreiben, wie zu handeln oder zu denken sei, sondern Versuche, die provozieren und in eine neue Sicht der Welt einführen wollen.
Paradoxerweise teilen die Einsichten dieser neuen Wissenschaft die Weltsicht, wie sie von vielen alten spirituellen Traditionen überliefert wird. Das heißt jedoch nicht, daß die Chaostheorie ein goldenes mythisches Zeitalter oder eine idealisierte Kultur wiederauferstehen läßt. Die überlieferten Kenntnisse dieser Kulturen werden aber dabei helfen, die Metapher des Chaos zu entwickeln, und sie machen deutlich, wie durch die Chaostheorie alte Weisheiten neu ins Auge gefaßt werden können, so daß sie für unser High-Tech- und von Cyberkulturen saturiertes Zeitalter wieder relevant werden.
Drei grundlegende Themen ziehen sich durch diese Lektionen: Kontrolle, Kreativität und Aufmerksamkeit.
Zur Kontrolle: Unsicherheit und Zufälle bedrohen jedes Leben. Menschen nehmen dies um so mehr wahr, als ihr Bewußtsein sie dazu veranlaßt und manchmal regelrecht dazu verführt, sich an vergangene Katastrophen zu erinnern und für die Zukunft Schlimmes zu befürchten.
Frühere Kulturen handhabten diese Unsicherheit, indem sie mit den Göttern und den unsichtbaren Naturkräften in einen ritualisierten Dialog traten. Die westlichen Industriegesellschaften schlugen einen anderen Weg ein. Wir träumen davon, die Natur zu unterwerfen und zu kontrollieren, um Unsicherheiten auszuschalten. Das Ideal, »Kontrolle auszuüben«, wurde so sehr Teil unseres Verhaltens, daß es zur Obsession und Sucht wurde.
In Daniel Quinns Roman *Ismael* wird dieser abendländische Fetisch angegriffen. Der Held Ismael macht sich über den westlichen Traum, alles kontrollieren zu können, lustig. Wir glauben, sagt Ismael, daß nur eines uns retten könne: »Wir müssen unsere Herrschaft über die Welt vervollkommnen. Zwar haben wir den

ganzen [ökologischen] Schaden erst durch die Eroberung der Welt angerichtet, aber wir müssen trotzdem damit weitermachen, bis unsere Herrschaft absolut ist. Erst dann, wenn wir alles unter Kontrolle haben, werden alle Probleme gelöst sein. Wir werden die Atomkraft haben, es wird keine Umweltverschmutzung mehr geben, wir werden den Regen nach Bedarf an- und abstellen, wir werden auf einem Quadratzentimeter einen Scheffel Weizen anbauen, wir werden die Ozeane wie Felder bestellen, wir werden das Wetter kontrollieren, und es wird keine Orkane, keine Tornados, keine Dürren und keinen Frost zur falschen Zeit mehr geben [...] Alles Leben auf diesem Planeten wird in unseren Händen sein – wo es nach dem Willen der Götter ja auch hingehört.«[1]

Die Chaostheorie zeigt, warum dieser Traum Illusion bleibt. Chaotische Systeme entziehen sich dem Versuch der Vorhersage, der Manipulation und der Kontrolle. Statt sich den Unsicherheiten des Lebens zu verweigern, sollte man – dies legt die Chaostheorie nahe – sie umarmen. Das ist der Punkt, an dem das zweite Thema, die Kreativität, ins Spiel kommt.

Maler, Dichter und Musiker wußten seit jeher, daß ihre Kreativität erblüht, wenn sie am Chaos teilhaben. Schriftsteller lechzen nach dem magischen Augenblick, an dem sie die Kontrolle über ihre Figuren verlieren und diese ein Eigenleben annehmen. Logik, lineares Denken haben durchaus ihre Berechtigung, doch die dem Chaos innewohnende Kreativität läßt erahnen, daß zum lebendigen Leben mehr gehört. Es bedarf eines ästhetischen Sinns – eines Gespürs für das, was zusammenpaßt, was in Harmonie ist, was wächst und gedeiht und was vergeht. Verbündet man sich mit dem Chaos, eröffnet sich damit die Chance, daß man nicht als Kontrolleur der Natur auftritt, sondern als deren kreativer Teilhaber.

Zu einem kreativen Leben gehört die Aufmerksamkeit für die feinen Nuancen und Unterschiede, die uns umgeben. Daher das dritte Thema dieses Buches. Die Kategorien und Abstraktionen, die unser menschliches »Wissen« ausmachen, sind für das praktische Überleben sicherlich notwendig. Doch können sie in einem

Maße bestimmend werden, daß man die subtilen, nicht kategorisierbaren inneren Zusammenhänge zwischenmenschlicher Beziehungen schlichtweg ignoriert. Jeder kennt Momente, in denen er auf etwas, das ein anderer sagt, überreagiert. Wir nehmen an, wir wüßten genau, was er meint, und können uns auf seinen Standpunkt dennoch nicht einlassen. Wenn wir darauf etwas erwidern, stellen wir die gegenteilige Ansicht heraus - der Streit scheint vorprogrammiert. Chaos bietet eine Alternative an.

Angenommen, man versteift sich nicht voreilig auf eine bestimmte Position, sondern bleibt zunächst bei der ursprünglichen Aussage und erkundet deren potentielle Vielschichtigkeit. Es könnte sich nämlich herausstellen, daß die Ausführungen des Gesprächspartners eine etwas andere Bedeutung haben, als man meinte - oder als der Sprecher meinte.

Die Metapher des Chaos hilft, mit solchen Situationen umzugehen; sie zeigt, daß sich außerhalb unserer Versuche, die Wirklichkeit zu kontrollieren und zu definieren, der mannigfaltige, vielleicht unendliche Raum der Nuancen und Mehrdeutigkeiten auftut, in dem sich das wirkliche Leben abspielt. Die Chaostheorie zeigt, wie anscheinend winzige, unbedeutende Dinge im weiteren Verlauf eine wichtige Rolle annehmen können. Indem man auf Nuancen achtet, öffnet man sich einer kreativen Dimension, die das Leben reicher und harmonischer macht.

In allen Mythen der Menschheitsgeschichte nimmt das Chaos bei der Erschaffung des Universums einen zentralen Platz ein. In der ägyptischen Kosmologie entstieg der Sonnengott Ra der wüsten Überschwemmungsschlacke, die Nun genannt wurde. In einer chinesischen Schöpfungsgeschichte entspringt aus dem Chaos ein Strahl reinen Lichts und errichtet den Himmel. Und nach dem frühen griechischen Philosophen Hesiod war »das erste aller Dinge das *Chaos*«.[2]

Der Clown, der *Trickster*, der seine Gestalt wechselt, stellt für Kulturen überall auf der Welt die Personifizierung des Chaos dar. Obwohl er für das Prinzip der Unordnung steht, wird er auch als der Überbringer der Kultur, der Schöpfer der Ordnung identifi-

ziert – ein Schamane oder, wie Campbell sagt, »Über-Schamane«.[3] Der *Trickster* ist der gerissene Überlebende, der *Underdog*, der Übles im Sinn hat und jede Konvention unterläuft, das System unterwandert, Machtstrukturen zum Einsturz bringt und neue Ideen entstehen läßt. In manchen Traditionen ist er ein Fuchs, ein Rabe oder ein Kojote. Er ist *Brer Rabbit*[4], der weiß, wie er sich durch ganze Dornensträucher durchbeißen muß. Er ist Hermes (Merkur), der Vielgestaltige, Prometheus, der das Feuer brachte, Dionysos, der Gott des Rausches und der Zerstörung.

An der Decke in der französischen Höhle *Trois Frères* ist eine Figur aus der Eiszeit dargestellt, teils Mensch, teils Tier, vielleicht die früheste bekannte Abbildung eines *Trickster*. Hoch oben in der Wölbung des unterirdischen Raums überblickt er eine erstaunliche Vielfalt wilder Tiere und Figuren, die, in ihren augenblicklichen Bewegungen, Sprüngen, Drehungen dargestellt, an die Wände gezeichnet sind. Wie ein Gott des Chaos, der diese tollenden, tanzenden Gestalten erschaffen hat, stellt er sich dem Betrachter mit wildem, durchdringendem Blick entgegen. Er ist das personifizierte Paradoxon – sein geweihtragender Kopf sowie seine Ohren lassen an einen Hirsch denken, die runden Augen an eine Eule; er hat die Tatzen eines Bären, den Schwanz eines Wolfs oder eines Wildpferds, das hervorstehende Sexualorgan eines Löwen und den Bart und Brustkorb eines Menschen. Seine Beine sind die eines Mannes, der, wie ein Paläontologe schrieb, einen »Cakewalk« tanzt. Dieser *Trickster* sieht uns über die Jahrtausende hinweg an und fordert uns zu Beginn des nächsten Jahrtausends dazu auf, an seinem Tanz der chaotischen Transformation teilzunehmen.

1. LEKTION:
Kreativität

Der Wirbel

Warum ist etwas statt nichts? Woher kommt das Neue? Was geschieht, wenn uns ein neuer Gedanke einfällt? Was ist das Wesen der Kreativität? Warum fühlte sich ein Mensch veranlaßt, zum ersten Mal eine Pfeilspitze zu schaffen? Ein Höhlengemälde? Wie schuf Einstein die Relativitätstheorie? Die Chaostheorie liefert fundamentale Einsichten zu diesen Fragen – Einsichten, die für uns als kreative Wesen von Bedeutung sind.

Bevor darauf näher eingegangen wird, sollte man vorausschicken, daß bei vielen Menschen in unserer Gesellschaft tiefgreifende Widersprüche und falsche Vorstellungen vorliegen, wenn dieses Thema angesprochen wird. Bohrt man ein wenig nach, geben sie entschuldigend zu, sie hätten nicht das Gefühl, besonders schöpferisch zu sein, da Kreativität eine »Gabe« oder ein besonderes »Talent« sei, das nur wenigen vorbehalten ist. Die Vorstellung, wahre Kreativität sei nur einigen wenigen gegeben, gehört zu den großen Mythen unserer Zeit.

Dieselben Zeitgenossen aber, die schöpferische Menschen für deren Leistungen (Gedichte, Gemälde, Musik, wissenschaftliche Entdeckungen) bewundern und sogar glauben, sie würden damit zum Kern des Lebens vordringen, hängen ironischerweise dem Bild an, kreative Menschen wären auch ein wenig verrückt. Man sagt sogar, Kreativität und Wahnsinn gingen Hand in Hand. Das schließt sich wunderbar der Vorstellung an, Kreativität sei irgendwie abnorm.

Viele glauben, schöpferische Menschen üben Kontrolle über ihr Werk aus (»Was will der Dichter uns damit sagen?« lautet die Lieblingsfrage dazu), gleichzeitig aber meinen sie, Kreativität

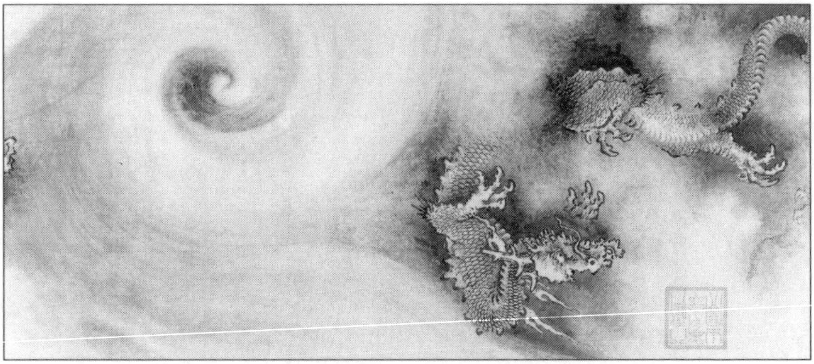

Francis Gardner Curtis Stiftung, mit freundlicher Genehmigung des Museum of Fine Arts, Boston

ergebe sich aus der Inspiration, über die sie keine Kontrolle hätten (»Es kommt einfach über sie«).

Außerdem herrscht die Meinung vor, jemand könne nur dann kreativ sein, wenn er in anerkannt kreativen Bereichen wie etwa der Musik, dem Film, der Malerei, dem Theater oder der höheren Mathematik arbeitet. Tätigkeiten wie die Natur beobachten, sich an einen Traum erinnern, sich mit jemandem unterhalten oder ein Kunstwerk betrachten sind jedoch Dinge, die viele kaum als kreativ bezeichnen würden. Dichter und andere Künstler haben sich allerdings seit langem eingestanden, daß solche Tätigkeiten sehr wohl kreativ sind.

Ein letzter Mythos – der nur sehr schwer auszurotten ist – behauptet, das oberste Ziel aller schöpferischen Menschen sei es, etwas Neues zu schaffen.

Die Metapher des Chaos wird dabei helfen, falsche Vorstellungen wie diese zu überwinden, gleichzeitig wird uns dabei etwas »Kreatives« über unser Leben mitgeteilt.

Selbstorganisation: Die Magie der Natur

Das Bild, das diesem Kapitel vorausgeht, gehört zu einer chinesischen Blattrolle, die »Neun Drachen« genannt wird. In China werden Drachen mit kreativen Fähigkeiten assoziiert; hier sieht man einen Drachen, der aus einem Wirbel auftaucht. Wie dieser altertümliche Drache des Chaos stellt die Chaostheorie die Natur in ihrer Kreativität dar. Sie beschäftigt sich mit einer Vielzahl von Phänomenen, von Wettervorhersagen und Wasserfällen bis hin zur Nervenzellenaktivität und zu plötzlichen Kurseinbrüchen an der Börse. Sie befaßt sich mit der »Unordnung« und den Unwägbarkeiten der Natur und ebenso mit der Frage, wie darin neue Formen und Strukturen entstehen.

Ein gutes Beispiel für die Bandbreite chaotischer Systeme ist ein Fluß. In der Sommerhitze fließt er träge dahin. Seine Oberfläche erscheint ruhig und friedlich. Trifft das Wasser auf einen Felsen, teilt es sich und gleitet daran vorbei. Im Frühling aber, nach schweren Regenfällen, hat der Fluß einen völlig anderen Charakter. Nun ist ein Teil der Strömung etwas schneller als die umliegenden Wassermassen, die von ihr beschleunigt werden, was wiederum die schnellere Strömung noch weiter antreibt. Jeder Teil des Flusses agiert als Störfaktor, der sich sofort auf alle anderen Teile auswirkt. So werden die Auswirkungen dieser Strömungen ständig miteinander rückgekoppelt. Das Ergebnis ist eine Turbulenz, eine chaotische Bewegung, bei der sich die verschiedenen Bereiche mit unterschiedlicher Geschwindigkeit fortbewegen.

Nähert sich dieser schnell fließende Fluß nun dem Felsen, gerät die Strömung in eine Drehbewegung und richtet sich gegen sich selbst. Hinter dem Felsen bildet sich ein Wirbel, der sehr stabil bleibt. Der Fluß zeigt alle Eigenschaften des Chaos. Sein Verhalten ist hochkomplex und besteht aus zufälligen, nicht vorhersehbaren Strömungen, Strudeln und stabilen Wirbeln.

Das Bild des chinesischen Drachen, der als Sinnbild der Kreativität einem Wirbel entsteigt, kann als Symbol für die Chaostheorie gesehen werden. Wirbel sind die besten – man ist fast versucht

zu sagen: die wundersamsten – Beispiele, wie aus den Zufallsbewegungen der Natur, ihrem Hin und Her, strukturierte Formen entstehen können. Ein Wirbelsturm entspringt geballten Gewitterfronten und Turbulenzen in der Luft. Das »rote Auge« des Jupiter, bereits 1664 entdeckt, scheint ein festes Merkmal der Oberfläche zu sein, ist in Wirklichkeit aber ein riesiger Wirbel, der sich zwischen zwei jeweils in Gegenrichtung den Planeten umkreisenden Luftströmen bildet.
Theoretiker, die sich mit der Komplexität von Phänomenen beschäftigen, bezeichnen das »rote Auge«, Wirbelstürme und ähnliches als »Selbstorganisation aus dem Chaos« oder »kostenlose Ordnung«. Um zu sehen, wie sich diese aus dem Chaos entstehende Ordnung entwickelt, soll die Wirbelbildung in einem Topf mit Wasser betrachtet werden.
Erhitzt man die Topfunterseite, geschieht genau das, was man erwartet: Da heißes Wasser leichter ist als kaltes, steigt das unten erwärmte Wasser nach oben. Gleichzeitig sinkt das schwerere und kältere Wasser von oben nach unten. Die Auf- und Abwärtsbewegungen schaffen einen chaotischen Zustand. Chaoswissenschaftler sagen, das System habe seinen maximalen »Freiheitsgrad« erreicht: Es realisiert die maximale Bandbreite möglichen Verhaltens, die dem System innewohnt – kurz, das Wasser kocht. Was heißt »Freiheitsgrad«? Man denke an ein Orchester, in dem jeder, wenn er nur will, sein Instrument nach eigenem Gutdünken stimmt und dann seine eigene Melodie in seiner eigenen Tonart und eigenem Tempo spielt. Das Ergebnis wäre die akustische Entsprechung zu einem Topf kochenden Wassers – die maximale Bandbreite möglichen Verhaltens innerhalb des Orchesters, der größte Grad an Freiheit, wäre eingelöst.
Orchester und Kochtöpfe aber sind auch zu anderen Dingen imstande. Chaoswissenschaftler entdeckten, daß eine Veränderung stattfindet, wenn das Wasser unter den exakt richtigen Bedingungen bis kurz unterhalb des Siedepunkts erhitzt wird: Es organisiert sich dann selbst. Ein »Bifurkationspunkt« (Gabelungspunkt) wird erreicht, und das System transformiert sich.

Um zu verstehen, was mit Bifurkationspunkt gemeint ist, denke man an einen Flipperautomaten. Die Kugel rollt auf ihrer geraden Bahn, bis sie gegen einen Zapfen stößt. Von dort kann sie nun nach links oder rechts geschleudert werden. Der Zapfen ist der Bifurkationspunkt auf dem Weg der Kugel. Im Kochtopf markiert der Bifurkationspunkt den Augenblick, an dem eine der Zufallsbewegungen des Wassers durch eine sogenannte Rückkoppelungsschleife »amplifiziert« wird. Diese Schleife schließt sich an andere fluktuierende Bewegungen an, so lange, bis mehrere miteinander verknüpfte Rückkoppelungsschleifen im Topf eine Reihe von stabilen hexagonalen Wirbeln bilden, die vergleichbar sind mit den »Zellen« in einer Honigwabe.
Aus dieser Verknüpfung können sich zwei sehr unterschiedliche Arten von Rückkoppelung ergeben. Die eine, negative Rückkoppelung genannt, mindert und reguliert die Aktivitäten und hält sie in einem bestimmten Rahmen. Ein bekanntes Beispiel dafür ist das Thermostat einer Klimaanlage. Erreicht die Temperatur einen gewissen Punkt, reagiert das Thermostat und schaltet die Kühlanlage an. Fällt die Temperatur zu stark, wird sie wieder ausgeschaltet. Negative Rückkoppelung gibt es auch in unserem Körper. Ist es zu heiß, beginnen wir zu schwitzen und kühlen ab. Ist uns zu kalt, zittern wir und produzieren damit Wärme.
Die zweite Art der Rückkoppelung, positive Rückkoppelung, amplifiziert oder verstärkt Effekte. Dies geschieht zum Beispiel, wenn ein Mikrophon zu nahe am Lautsprecher liegt. Das Mikrophon nimmt winzige Geräusche im Raum auf und schickt sie in die Anlage, wo sie verstärkt und durch die Lautsprecher wiedergegeben werden. Die etwas lauteren Geräusche werden nun erneut vom Mikrophon aufgenommen und ins System eingespeist, bis sie schlagartig zu einem ohrenbetäubenden Kreischen anwachsen. Systeme wie der chaotische Fluß, die von positiven Rückkoppelungsschleifen beherrscht werden, sind turbulent und ohne Ordnung. Wenn sich nun aber positive und negative Rückkoppelungsschleifen verknüpfen, kann daraus ein neues dynamisches Gleichgewicht entstehen – ein Bifurkations-

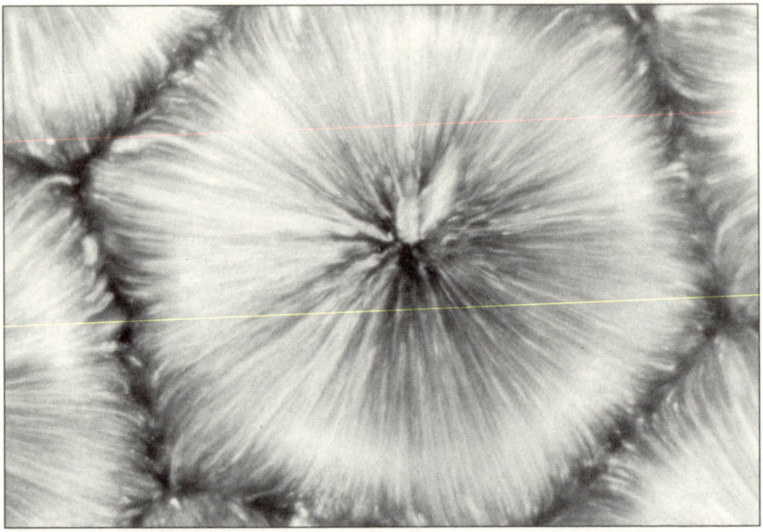

Ein selbstorganisierter hexagonaler Wirbel.
© *M. O. Velarde, Nachdruck aus* Scientific American, *Juli 1980, und aus* Journal of Non-Equilibrium Thermodynamics *22(1) 1977*

punkt, an dem chaotische Aktivitäten plötzlich eine neue Ordnung schaffen.

Beim Beispiel des Kochtopfs beginnen sich zelluläre Wirbel zu bilden, in deren Inneren die warme Flüssigkeit aufsteigt und an deren Außenseite die kalte absinkt (eine große negative Rückkoppelungsschleife). Wenn die Wirbel nun gegeneinanderstoßen, entstehen zwischen den absinkenden kühlen Wasserkaskaden stabile hexagonale, fließende Zellwände.

Dieses selbstorganisierte System schafft sich seine Struktur, indem es einige seiner Freiheitsgrade aufgibt, die es besitzen würde, wenn das Wasser kocht. Vergleichbar ist dies mit einem Orchester, dessen Mitglieder beschließen, daß sie lieber zusammenspielen wollen. Sie einigen sich auf ein bestimmtes Musikstück und spielen in derselben Tonart und im selben Tempo. Das Ergebnis ist Harmonie, Ordnung und eine klar definierte musikalische Struktur. Kommt in einer Symphonie jede Bewegung zum Ende, dann organisiert sich die Musik neu, andere Freiheitsgrade werden geopfert, so daß eine neue Tonart und ein neues Tempo aktualisiert werden.

Systeme, die sich aus dem Chaos selbst organisieren, überleben nur, wenn sie offen sind für den ständigen Durchfluß von Energie und Materie. Wirbel in Flüssen und Bächen entstehen typischerweise aus Turbulenzen, die von Hindernissen in schnellen, tiefen Strömungen erzeugt werden. Jeder Wirbel besitzt seine charakteristische Gestalt, besteht in Wirklichkeit aber aus der Materie, die durch ihn hindurchfließt. Ähnlich besteht auch der Mensch aus der Materie, die ständig durch ihn fließt. Unsere »Gestalt« wird durch den Fluß, an dem wir teilhaben, geschaffen und aufrechterhalten. Wir sind, was wir essen, was wir atmen und was wir von unserer Umgebung empfangen.

Viele der in der Natur vorkommenden Strukturen sind Beispiele für selbstorganisiertes Chaos. Die abgeflachten hexagonalen

Selbstorganisiertes Chaos in einer Wolkenformation. © *John Briggs*

Muster an der Oberfläche von Sanddünen, Schneefeldern und Wolkenschichten sind das Resultat von chaotisch erzeugten Wirbeln warmer Luft, die sich in die Atmosphäre erhebt – ähnlich der Zellen im Kochtopf. Diese Wirbel sind stabil, solange die Bedingungen, unter denen sie entstanden sind, innerhalb gewisser Grenzen bleiben.

Betrachtet man einen Vogelschwarm, der sich von einem Baum in die Luft erhebt, hat man eine andere Form von Selbstorganisation. Die Vögel flattern wirr umher, versuchen sich aus dem Strudel ihrer Artgenossen zu lösen und in die Luft zu schwingen, gleichzeitig vermeiden sie es, mit ihnen zu kollidieren. Computermodelle zeigen, daß der Versuch der einzelnen Vögel, minimalen Abstand zum jeweiligen Nachbarn zu halten, Flugbewegungen hervorruft, die sich zu anziehenden und abstoßenden

Ein Wirbelsturm ist die beeindruckendste selbstorganisierte Struktur in der Natur. ©*National Climatic Data Center, NASA*

Rückkoppelungsschleifen verknüpfen. Was dabei entsteht, ist ein Gleichgewicht aus positiver und negativer Rückkoppelung – und die einzelnen Vögel erscheinen zu einem einzigen Organismus verwandelt. So kann ein Schwarm Strandläufer in der Gruppe schneller reagieren, als es die individuelle Reaktionszeit erlauben würde.

Zufällig verteilte, hochenergetische Gase im interstellaren Raum organisieren sich zu Galaxien und Sternensystemen. In der geologischen Entwicklung der Erde kam es zu Selbstorganisation, als Wasser durch die von den schmelzenden Gletschern hinterlassenen Erosionskanäle gespült wurde. Aus dem einen oder anderen Grund wurden einige Kanäle tiefer ausgespült – amplifiziert – und miteinander verbunden, so daß sie im Lauf der Zeit das dendritische Muster eines relativ stabilen Flußsystems bildeten, das den Kontinent entwässert.

Manche Wissenschaftler glauben, das komplexe DNS-Molekül, welches die Regeln enthält, nach denen sich unser Körper entfaltet (Regeln, die wiederum selbst den brodelnden Transformationen des Chaos unterworfen sind), sei aus dem chemischen Fluß entstanden, der in der Frühzeit der Erde vorgeherrscht hatte – so wie die zellulären Wirbel in einem Wassertopf auftauchen.

Chaos ist die Kreativität der Natur.

Unser Körper ist von chaotischen, offenen Systemen durchzogen, die es möglich machen, auf eine ständig sich ändernde Umwelt kreativ zu reagieren. Unser Gehirn zum Beispiel organisiert sich selbst, da es mit jedem Wahrnehmungsakt seine empfindlichen Schaltkreise verändert. Die Liste an Möglichkeiten, wie die Natur das Prinzip des selbstorganisierten Chaos ausnutzt, ist im Grunde genommen endlos.

Menschen, die regelmäßig schöpferisch tätig sind, stimmen dieser Beschreibung, wie aus Chaos Form entsteht, meistens zu; sie arbeiten mit dem Chaos zusammen. Betrachtet man, wie sie mit dem Chaos umgehen, gewinnt man einen fundierten Einblick in einen Prozeß, der allen offensteht – denn die simple Wahrheit lautet: Jeder von uns ist kreativ.

Ein selbstorganisierter Wirbel im All. ©*National Optical Astronomy Observatories*

Chaos und Kreativität: Wahrheit und die Verbundenheit des einzelnen mit dem Unteilbaren

Wenn man sich auf die Suche nach der Wahrheit begibt, bedeutet das gewöhnlich, daß man über das, was man bereits weiß, hinausgeht und zum »wahren« Kern der Dinge vordringt. Das ist der Punkt, an dem das Chaos ins Spiel kommt.

Wir sind alle von der Gesellschaft, in der wir leben, geprägt. Dadurch wird uns ein scheinbar vollständiges Bild, eine Karte dessen vorgesetzt, was Realität sei und wie wir uns darin zu verhalten haben. Ab dem Zeitpunkt, an dem wir das Licht der Welt erblicken, werden wir dazu erzogen, dies als Realität zu akzeptieren und uns in ihr zu bewegen.

Menschliche Denkgewohnheiten, Meinungen, Erfahrungen, sogar die »Fakten« über die Welt sind mit negativen Rückkoppelungsschleifen vergleichbar, deren ständige Wiederholung darin resultiert, daß man sich immer am gleichen und bekannten Ort aufhält. Schleifen begrenzender, negativer Rückkoppelung sind augenscheinlich notwendig, damit die Gesellschaft stabil bleibt; sie können aber auch als ungemein einengend empfunden werden, wenn in uns die Überzeugung wächst, daß dies alles sei, was das Leben bereithält. Die Gefahr, zu Pawlowschen Hunden zu werden – denen bei jedem Klingelton der Speichel im Mund zusammenläuft –, teilen wir mit allen anderen. Und in der Gesellschaft klingelt es ständig.

Es kommt häufig vor, daß Denkgewohnheiten, angeblich gesichertes Wissen, die Realität entstellen und verzerrt wiedergeben. Von größerer Bedeutung aber ist, daß Meinungen und Fakten, die Bestandteil unserer Konditionierung sind, das tiefempfundene Gefühl der Authentizität, der »Wahrheit« unserer Erfahrung des In-der-Welt-Seins, überdecken können.

Was ist hier mit »Wahrheit« gemeint? In einer Kultur, in der alles der Relativierung anheimfällt, ist das Wort Wahrheit mit unglücklichen Assoziationen befrachtet, so daß es sehr schwierig geworden ist, es in einem authentischen Sinn zu verwenden. Viele vermeiden heute das Wort, verständlicherweise, da in der Vergangenheit nur allzuoft jene, die vorgaben, im Besitz der Wahrheit zu sein, sie mit gewaltsamen Mitteln ihren Mitmenschen aufzudrängen versuchten.

Aber wie läßt sich angesichts der Vielfalt der modernen Welt zwischen den von Religionen und Kulturen angebotenen Wahrheiten unterscheiden?

Die Wahrheit, die hier gemeint ist, kann man jedoch nicht besitzen oder anderen aufdrängen.

Eine der frühesten Bedeutungen, die mit der Vorstellung des »Wahren« in Verbindung gebracht wurde, geht auf die Arbeit des Handwerkers zurück, der sein Werk aufrichtig, ausgewogen und geradlinig verrichtet. So kann man ein Leben als »wahr« bezeichnen, das geradlinig und unverfälscht verläuft und authentisch auf die Gegenwart reagiert. Das Wort Wahrheit meint hier nicht mehr etwas Absolutes (»diese Wahrheit ist die einzige Wahrheit«) oder Relatives (»du hast deine Wahrheit, ich habe meine«). Vielmehr ist die Wahrheit das, was im Augenblick gelebt wird.

Der indische Philosoph Krishnamurti beschreibt Wahrheit wie folgt: »Die Wahrheit ist kein fester Punkt; sie ist nichts Statisches, sie kann nicht mit Worten gemessen werden; sie ist kein Konzept, keine Idee, die verwirklicht werden kann.«[1] Es gibt keinen Weg zur Wahrheit, versichert er. Sie kann nicht durch spezielle Techniken, durch Disziplin oder Logik gewonnen werden. Sie ist nichts, dem man zustimmen oder widersprechen könnte. Wahrheit ist das, was uns alle zusammenhält. Aber jeder muß sie individuell, nach Maßgabe und unter den Bedingungen seines eigenen, einzigartigen Lebens für sich selbst herausfinden.

Für den Schriftsteller Joseph Conrad war Wahrheit, »das verborgene Gefühl einer Gemeinschaft mit allem Erschaffenen, ... der zarte, doch unbezwingliche Glauben an eine Solidarität, in der die Einsamkeit unzähliger Herzen verflochten ist«.[2] Conrad glaubte, Wahrheit könne überall und zu jedem Zeitpunkt erfahren werden – im Kleinen wie im Großen. Aber wir sind so in unseren konditionierten Vorstellungen, Meinungen und Gefühlen gefangen, daß wir, wenn wir die Welt betrachten, die Wahrheit, die direkt vor unseren Augen liegt, nicht wahrnehmen.

Die Wahrheit des Augenblicks zu erfassen war für den französischen Maler Paul Cézanne von zentraler Bedeutung. Wenn er vor seinem Motiv saß, war er bemüht, genau die Empfindungen wiederzugeben, die sich bei ihm in diesem Moment einstellten. Er wollte nicht seine »Vorstellungen« oder eine vorgefaßte Ansicht einer Landschaft oder eines Tisches mit Früchten malen, sondern die exakte Wahrheit dieses einen Augenblicks, die sich durch seine Wahrnehmung offenbarte. Während er malte, bewegte er leicht den Kopf, so daß sich bei jedem Blick die gesamte Szene verschob und damit alles in Frage gestellt wurde, was er bis dahin gesehen und gemalt hatte. Seine Bilder sind daher eine Reihe von Bifurkationspunkten der Anschauung, aus denen sich das ergibt,

was Merleau-Ponty als »Cézannes Zweifel« bezeichnet hat.[3] Cézanne glaubte, in diesen »kleinen Sensationen«, wie er sie nannte, liege die Wahrheit seiner Wahrnehmung.[4] Er ermuntert dazu, sich auf die Bewegung der Wahrheit einzulassen, die sich darin ausdrückt; alles, was man bislang gesehen und über die Welt gedacht hatte, in Frage zu stellen.
Wahrheit und Chaos sind miteinander verbunden. Mit kreativen Zweifeln zu leben heißt, sich dem Chaos anzuvertrauen, um dort die Wahrheit zu entdecken, die »nicht mit Worten gemessen werden« kann.

Eintritt in den Wirbel 1: Turbulenz

Der Dichter John Keats nannte diesen Eintritt in das Chaos ein Eintauchen in »Zweifel und Ungewißheit«. Zweifel und Ungewißheit bedeuten hier, die Möglichkeit zu ergreifen, den Grad an Freiheit zu erweitern, den man vom Leben zu akzeptieren gelernt hat – und mag er noch so gering sein. Künstler, Heiler, alle, deren Leben in großem Maß Veränderungen unterworfen ist, sind offen für Ungewißheiten und realisieren so einen Freiheitsgrad, der neue Formen von Selbstorganisation hervorbringen kann. Es ist schmerzlich, den Tod eines Geliebten, eine Scheidung, eine Phase der Selbstzweifel zu durchleben, aber oft sind genau das die Erfahrungen, die den Sinn schärfen für die Wahrheit des Lebens, die jenseits aller Worte liegt.
Die Geschichte der Religionen ist voller Berichte über Mystiker und Weise, die einige Zeit in der »Wildnis« lebten – die entweder wirklich in die Ödnis gingen oder ein inneres Chaos, die »dunkle Nacht der Seele« erfuhren. Um Körper und Geist zu heilen, ist es in vielen traditionellen Kulturen notwendig, sich in die Dunkelheit, in das Chaos und den Tod zu begeben. Griechische Ärzte empfahlen eine »Inkubationszeit«, in der der Kranke schlief und träumte. Durch Zeremonien, die so beschaffen waren, daß sie die Herrschaft des Bewußtseins lockerten, wurde der Kranke dazu gebracht, sich von den vertrauten Strukturen seines Lebens zu

lösen und die dunkle Welt der Götter und unterirdischen Mächte zu betreten. Wenn die gewohnten Fesseln abgestreift werden, ist die kreative Reorganisation des Selbst möglich.

Die Ureinwohner Amerikas verwendeten zur seelischen Selbstorganisation Visionen oder das dunkle, klaustrophobische Innere einer Schwitzhütte. Traditionelle Methoden der Psychotherapie ermutigen den Patienten, loszulassen, frei zu assoziieren und sich auf das chaotische, in seinem Unbewußten vergrabene Material einzulassen. Aus diesem urtümlichen Chaos kann sich das Neue selbst organisieren.

Kreativität gärt in der Schwitzhütte, in der Erkundung des Ungewissen, im Zurücklassen des Vertrauten. Es kann jedoch auch weniger heroisch oder dramatisch vonstatten gehen. Kreativität kann sich in einer Unterhaltung einstellen, bei der ein Wirbel von Fragen und Antworten ein neues Verständnis oder eine neue, unverbrauchte Ausdrucksweise entstehen läßt. Sie kann beim Betrachten eines Baums aufblitzen, wenn man für einen Augenblick sein »Wissen« über Bäume ablegt und diesen einen Baum wahrnimmt, seine absolute Einzigartigkeit, die Windungen seiner Äste, Knoten und Krümmungen, das Spiel von Licht und Schatten auf seinen Blättern. In diesem Augenblick sieht man die Wahrheit des Baums. Meist, schrieb der Psychologe Erich Fromm, besitze der Baum, den man in den gewohnten Kategorien wahrnimmt, keine Individualität – er sei nur das Repräsentative einer Abstraktion.[5] Wenn man daher die Wahrheit erfährt, erfährt man das, worauf der taoistische Gelehrte Laotse anspielte, als er sagte: »Es ist jenseits der Macht der Worte, das Sein zu beschreiben. Man mag dazu Begriffe verwenden, aber keiner davon ist absolut.«[6] Will man den Baum jenseits der Abstraktionen, ohne die Versuchung des »Vertrauten« sehen, muß man sich wie Cézanne auf Zweifel und Ungewißheiten einlassen und zulassen, daß die Abstraktionen, die mentalen Konstrukte absterben oder sich wandeln. Wenn das geschieht, organisieren sich die kreativen Einsichten von selbst und überraschen uns mit dem Schock oder der Freude über die unerwartete Wahrheit, die sich in den

»Objekten« der »gewöhnlichen« und »vertrauten« Welt verborgen hält.
So sollte es nicht wundern, daß vor allem kreative Menschen, wie wissenschaftliche Studien feststellten, über ein hohes Maß an Toleranz gegenüber Unklarheiten und Zweideutigkeit verfügen und gerne in Gegensätzen denken. Doch auch Menschen in kreativen Berufen kommen mit diesen Eigenschaften nicht zur Welt. Immerhin aber gelangten sie zur Einsicht, daß sie, wenn sie kreativ sein wollen, sich dem »nicht-wissenden Wissen« hingeben müssen, der Unsicherheit, der Unzulänglichkeit, Unbeholfenheit, Ehrfurcht, Freude, dem Schrecken und dem Verlust der Kontrolle; daß sie die nichtlinearen, sich ständig wandelnden Eigenschaften der Realität und ihres Denkprozesses – die vielen Gesichter des kreativen Chaos – anzuerkennen haben.
Jeder Künstler dürfte seine eigene Methode haben, um in der Schwitzhütte des Chaos zu »garen«. Manche stürzen sich kopfüber in ein neues Projekt und vergraben sich in Recherchen. Andere türmen Notizbücher auf, die sie mit zufälligen Gedanken, mit allem füllen, was ihnen durch den Kopf geht. Wieder andere sammeln Informationen aus widersprüchlichen und exotischen Quellen oder benützen Strategien, die »Zweifel« säen und ihren »Freiheitsgrad« steigern.
Der Physiker Michael Faraday ging in der Natur auf, »dem Ineinanderfließen und den Schattierungen der Farben, der erheiternden Perspektiven, der hinreißenden Wirkung von Licht und Schatten, der faszinierenden Vielfalt und Anmut der Umrisse«. Er suchte Sinneseindrücke dort, wo »keine Grenze, keine Einschließung ist …«[7]
Der Physiker Henri Poincaré stellte fest, daß schwarzer Kaffee seinem Denk- und Schaffensprozeß förderlich war. Er verglich seine Gedanken mit aneinandergehakten Atomen, wie sie von den griechischen Philosophen beschrieben wurden. Ruhte sein Geist, geschah nicht viel, aber war er mit Energie geladen, kollidierten die Atome und verzahnten sich, bis sie neue stabile Formen schufen.

Eintritt in den Wirbel 2: Bifurkation und Amplifikation

Im Unterschied zur heutigen Gesellschaft haben Menschen, die kreative Arbeit leisten, aufgrund ihrer Bereitschaft und ihres Eifers, sich in einen chaotischen Zustand zu begeben, eine andere Einstellung zu Fehlern, zum Zufall und Mißerfolg.
Schöpferische Menschen wissen, daß ein Klecks Farbe auf der Leinwand, ein Abrutschen des Meißels auf dem Marmor, ein Fehler in einem ansonsten gut geplanten Experiment einen Bifurkationspunkt schaffen können, einen Augenblick der Wahrheit, der sich verstärkt und den Moment markiert, an dem das Werk sich selbst zu organisieren beginnt. Damit unterscheiden sie sich grundlegend vom vorherrschenden Standpunkt, wonach Fehler als falsche Antworten zu gelten haben, Zufälle aus Unternehmungen eliminiert werden müssen und Mißerfolge als etwas abgetan werden, wofür man sich zu schämen hat.
Der Romancier Henry James prägte den Ausdruck »Keim«, womit er den Punkt bezeichnete, an dem die Amplifikation, die Verstärkung einsetzt. Ein Keim ist der Same, aus dem das Kreative erblüht. Der Schriftsteller E. L. Doctorow meinte, der Gedanke zu seinem Roman *Loon Lake* kam ihm, als er mit dem Auto in den Adirondacks unterwegs war und ein Straßenschild bemerkte. Der Klang des Wortes schien etwas bereitzuhalten, etwas Provokatives, Rätselhaftes, eine implizite Geschichte. Doctorow sagte, Auslöser für eine Geschichte könne ein Satz, ein Bild, das Gespür für einen Rhythmus, etwas völlig Unbestimmtes sein. Etwas berühre einen und löse Gefühle aus, die man nicht einmal versteht.
David Whyte, ein Lyriker, der seit einigen Jahren als Berater für Unternehmen arbeitet, empfiehlt zur Lösung persönlicher wie anderer Probleme einen Ansatz, der genau das ausnutzt, was bei Bifurkationen geschieht. Er schlägt vor, man solle sich ein Bild wachrufen – das zum Beispiel aus einem Traum stammt –, etwas, das starke Reaktionen auslöst, und es sich entfalten lassen. »Das Wichtigste ist, mit dem Bild oder dem Traum zu leben und seinen Zauber wirken zu lassen.«[8]

Die Literatur über Kreativität kennt zahlreiche Beschreibungen des magischen Augenblicks, an dem der Fluß der Wahrnehmung sich verschiebt und das Chaos sich selbst zu organisieren beginnt – Momente des Aha-Erlebnisses. Kreative Werke sind Aufzeichnungen der vielen kleinen oder großen Keime oder Aha-Momente, die geschehen, wenn jemand einer schöpferischen Tätigkeit nachgeht.

Jeder hat in seinem Leben ähnliches erfahren – Augenblicke der Einsicht, in denen man etwas sieht oder hört, das für andere bedeutungslos, sinnlos oder trivial erscheint, für einen selbst aber eine einschneidende Wahrnehmungsveränderung in Gang setzt und zur »Wahrheit« der Wahrnehmung, zur Authentizität der Lebenserfahrung vordringt. Solche Einsichten können sich während einer Psychotherapie ereignen, während einer geistigen Wiedergeburt oder in Alltagssituationen, wenn einem plötzlich gewisse Dinge klarwerden.

Am Beispiel Charles Darwins kann man verdeutlichen, was in diesen wichtigen Augenblicken geschieht, wenn sich ein amplifizierter Keim zu einem neuen Verständnis auswächst. Als er, noch ein junger Mann von 26 Jahren, von seiner Weltumsegelung auf der *HMS Beagle* zurückkehrte, besaß er alle Daten, die er für seine Evolutionstheorie brauchte. Kurz danach begann er mit dem Verfassen eines Notizbuchs, in welchem er seine Ideen zusammenfließen ließ. Der Schlüssel für seine Entdeckung liegt in dem Bild des »Lebensbaums«. Es zeigt die unterschiedlichen Organismen, die sich in ihrer Entwicklung wie die Äste an einem Baum von ihren Vorfahren abzweigen. Während seiner »Inkubationszeit« zeichnete Darwin bei drei verschiedenen Gelegenheiten das Bild des Lebensbaums in sein Notizbuch. Doch erst beim dritten Mal schien er dessen grundlegende Bedeutung »gesehen« zu haben. So wie Cézanne seinen Kopf bewegen mußte, um die Wahrheit des Motivs zu erfassen, mußte Darwin seine gedankliche Perspektive verschieben.

Diese Verschiebung kann vom Standpunkt der Selbstorganisation aus erläutert werden. Das erste Bild des Lebensbaums war ein

Bifurkationspunkt, ein Keim. Es schien irgendwie von Bedeutung zu sein und verstärkte sich im weiteren Verlauf von Darwins Überlegungen. Immer wenn er im Zusammenhang mit anderen Problemen zur Evolution daran dachte, begannen sich seine Gedanken durch das Bild miteinander zu verknüpfen. Als er zum dritten Mal das Bild zeichnete, war die Selbstorganisation in vollem Gange. Ein neuer Kontext tauchte auf. Alte Fakten und Fragen schlossen sich durch die Rückkoppelung neu zusammen, und immer mehr konnte aus einer neuen Perspektive betrachtet werden.[9]

Eintritt in den Wirbel 3: Der offene Fluß

Ist man in seiner Arbeit und im Alltagsleben kreativ – taucht man ins Chaos ein –, so kommt es manchmal zur Bifurkation. Dann entwickelt sich aus einem Keim ein Schöpfungsprozeß, der in offenem Fluß ist.

Mihaly Csikiszentmihalyi, ein Psychologe, der sich seit vielen Jahren mit diesem Thema befaßt, beschreibt, wie sich dieser Fluß der Kreativität anfühlt. In Interviews bezeichneten die von ihm befragten Künstler, Sportler, Bergsteiger, religiösen Mystiker und Wissenschaftler den »Fluß« als Abschnitt eines Schöpfungsprozesses, in dem das Bewußtsein des eigenen Selbst verschwindet, die Zeit abhanden kommt oder als erfüllt erfahren wird und in dem der einzelne vollständig in seiner Tätigkeit aufgeht. Er erlebt eine intensive Klarheit des Augenblicks und dessen, was er gerade tut, und es kümmert ihn kaum oder überhaupt nicht, ob ihm sein Vorhaben gelingt.[10]

Augenblicke, in denen man sich im Fluß fühlt, sind die Belohnung für den vorangegangenen Abstieg ins Chaos und in die Ungewißheit und Unsicherheit. Das Chaos hat sich natürlich nicht einfach aufgelöst. Es ist noch immer vorhanden, umgibt und fördert den Schaffensprozeß – wie die von einem Felsen im Fluß geschaffenen Turbulenzen, die den Wirbel, den sie erzeugten, weiterhin speisen.

Seit Tausenden von Jahren wird die Vorstellung chaotischer Offenheit mit selbstorganisierter Kreativität in Verbindung gebracht. Das erste Hexagramm des *I Ging* ist Qian, »das Kreative«, dargestellt im Bild eines Drachen, den das *I Ging* mit den elektrisch geladenen dynamischen Kräften eines Gewitters identifiziert. Der Kommentar dazu lautet: »Seine Energie wird durch feste Gegebenheiten des Raumes nicht beeinträchtigt und ist deshalb als Bewegung aufzufassen.«[11]

Künstler versuchen in ihren Werken die Empfindung für diese fließende Offenheit wachzuhalten. Deswegen verwenden sie Metaphern, Ironie und Doppeldeutigkeiten – Stilmittel, die Leser, welche nach eindeutigen Antworten, einer Moral oder kategorischen Aussagen suchen, verwirren. Cézanne schuf Landschaften, die im Betrachter die »Zweifel« wieder entstehen lassen und die Fragen aufwerfen, die ihn selbst beschäftigten, als er, leicht den Kopf verschiebend, die Szene vor sich sah. Viele Künstler ringen mit der Frage, welche Details sie ins Werk aufnehmen sollen, da sie fürchten, ihre Wahl beeinträchtige oder blockiere die Empfindung des Flusses. Der französische Dichter Paul Valery brachte dies zum Ausdruck, als er sich beklagte, für einen Künstler sei das Werk niemals wirklich vollendet. Und Marcel Duchamp sagte halb im Spaß über eines seiner Hauptwerke, es sei nun »definitiv unvollendet«.

Wie wichtig kreative Offenheit ist, zeigt sich am *talking circle* der Blackfoot-Indianer. Er ist das Versammlungszentrum ihrer Gemeinschaft, der Kreis, in dem sie ihre Entscheidungen treffen. Aber sie achten immer darauf, daß noch eine Lücke bleibt, damit auch neue Teilnehmer noch dazu stoßen können. Diese Lücke repräsentiert den offenen Fluß ihrer Organisation, ihre »Selbstorganisation«.

Vor einigen Jahren schufen buddhistische Mönche auf einem öffentlichen Platz in Philadelphia ein Sandgemälde. Jeden Tag kam eine Frau und sah ihnen bei der Arbeit zu. Dann, als sie mit dem Werk fertig waren, lief die Frau in das Bild und wühlte mit den Füßen den Sand auf. Die Organisatoren waren entsetzt über die Entweihung des Bildes durch, wie sie glaubten, eine Verrückte. Die Mönche jedoch begrüßten den Eingriff, erlaubte er ihnen doch, wieder von neuem zu beginnen. Indem das Chaos hereinbrach, wurde eine neue Selbstorganisation erst ermöglicht.

Der Wirbel und das Paradoxon der Individualität

Die Vorstellung von Offenheit und das Bild des Wirbels können dazu dienen, eines der wichtigsten Paradoxa des Chaos zu erkunden.

Ein Wirbel ist eine einzelne, distinktive Einheit und dennoch vom Fluß, der ihn geschaffen hat, nicht zu trennen. Beethovens Streichquartett Op. 132, ein Selbstporträt Rembrandts, eine Plastik von Henry Moore, ein Sonett von John Donne sind einzigartige Kunstwerke, die eindeutig von der Hand ihres Schöpfers stammen, und dennoch drückt sich in ihnen eine universale Wahrheit aus.

In einem Wirbel trennt eine kontinuierlich fließende Zellwand das Außen vom Innen. Die Wand hingegen ist sowohl innen wie außen. Das gleiche gilt für die Membran in Tier- und Pflanzenzellen. Der Wirbel weist darauf hin, daß das einzelne gleichzeitig das Universale ist. Kreative Augenblicke – ob man nun unvoreingenommen einen Baum betrachtet oder zu einem neuen Verständnis des eigenen Lebens kommt – sind Momente, in denen man mit seiner eigenen authentischen Wahrheit in Berührung ist, wo man seine eigene einzigartige Präsenz in der Welt erfährt. Paradoxerweise ist die Erfahrung der einzigartigen Präsenz gekoppelt mit der Empfindung, untrennbar mit dem Ganzen verbunden zu sein.

Kreatives Chaos geht jeden an

In der Romantik wurde der schöpferische Mensch als Genie und Held vorgestellt. Die erste Lektion des Chaos beinhaltet jedoch, daß Kreativität allen offensteht. Jeder Mensch verfügt über die Fähigkeit, das Ego für eine Weile ruhen und sich zum chaotischen Grund hinab zu lassen, aus dem ständig Ordnungsstrukturen aufsteigen. Kreativität findet nicht nur in den traditionell anerkannten kreativen Gebieten statt. Sie stellt sich in den großen und kleinen Augenblicken der Begeisterung ein, den Momenten, wenn man die authentische, individuelle Erfahrung der Wahrheit erlebt. Der britische Psychologe N. K. Humphrey meint, der kreative Geist des Menschen komme nicht nur in der Kunst und Wissenschaft zum Tragen, seine größte Leistung bestehe in den spontanen Alltagshandlungen, durch die unsere Gesellschaft zusammengehalten wird.[12]

Dennoch gibt es viele, die sich nicht für schöpferisch halten und sich dem Anspruch der Kreativität permanent verschließen. Diese Fähigkeit geht verloren, wenn man auf Kontrolle und Macht fixiert ist, wenn man Angst vor Fehlern hat, sich der einengenden Dominanz des Egos überläßt, dem Bedürfnis nach der scheinbaren Sicherheit geschlossener Ordnungen, dem Drang nach Vergnügungen, wenn man sein Leben auf das beschränkt, was andere denken, und sich dem tiefsitzenden Glauben ergibt, der einzelne existiere nur im unaufhebbaren Gegensatz zu den anderen und der Welt »außerhalb« des eigenen Selbst.

Die Chaostheorie lehrt, daß sich der Freiheitsgrad erweitert, wenn sich die psychologische Perspektive – durch Augenblicke der Bifurkation und Amplifikation – verschiebt; daß man kreativ ist, wenn man die Wahrheit und das Sein erfährt. Dort liegt das wahre Selbst.

Das »Selbst«, dem unsere moderne Gesellschaft im Zentrum der Realität ihren Schrein errichtet hat, ist im Grunde nichts anderes als ein gesellschaftliches Konstrukt – eine Anhäufung von Kategorien, Namen, Beschreibungen, Masken, Ereignissen, Erfahrungen, eine komplexe, sich ständig verändernde Reihe von Abstraktionen. Läßt man sich auf das Chaos dieser Abstraktionen ein, dann berührt man den magischen Ort, wo das Selbst zugleich das »Nicht-Selbst« oder, wenn man so will, das größere, chaotische Selbst der Welt ist.

Der Psychiater David Shainberg vertritt die Meinung, chaotisch erscheinende Geisteskrankheiten sind in Wirklichkeit genau das Gegenteil davon. Geisteskrankheiten treten dann auf, wenn die Bilder des eigenen Selbst starr und geschlossen werden und den offenen, kreativen Austausch mit der Welt verhindern.[13] Gewiß leiden manche bedeutenden schöpferischen Menschen in ihrem Alltagsleben – wenn sie starr, verschlossen und auf sich bezogen sind – an psychischen Problemen. Es scheint jedoch nicht weit hergeholt zu sein, wenn man sagt, daß sie während ihres Schaffensprozesses offen und körperlich wie geistig gesund sind. Nur durch ihre kreative Arbeit können sie ihre einzigartige individuelle, untrennbare Verbundenheit mit dem Ganzen zum Ausdruck bringen.

Wenn sich Wasser durch die Landschaft schneidet und den Flußlauf selbstorganisiert, greift es auf das verfügbare Material, auf Felsen, Erde, Bäume zurück. Ähnlich liegt der Schlüssel zu kreativen Tätigkeiten in den der Selbstorganisation verfügbaren Materialien. Wir erschaffen buchstäblich mit unserem Leben. Wie das Wasser können wir mit dem, was vorhanden ist, immer einen Weg finden.

Krishnamurti meint, die grundlegende Kreativität des Lebens zeige sich nur dann, »wenn große Unsicherheit herrscht«.[14] Unsicherheit, so fährt er fort, ist aber nicht nur in den großen Ereignissen, in denen es um Leben oder Tod geht, gegeben, sondern in jedem Augenblick. Jeder einzelne Moment eröffnet die Aussicht, den psychologischen Tod zu sterben, wenn man sich von Vorurteilen, mechanischen Gewohnheiten, Isolierung, dem Ego, dem Bild von sich selbst und der Welt, von Vorstellungen über Vergangenheit und Zukunft trennt. Damit setzt man die kreative, selbstorganisierende Wahrnehmung in Gang, die den Zauber spüren läßt, durch den man ursprünglich entstanden ist.

Kreatives ist oft neu, überraschend und einzigartig, Kreativität hat jedoch nicht immer damit zu tun, etwas Neues zu schaffen. Manchmal muß man sich auf das Chaos einlassen, um Altes wieder neu zu entdecken, um das, was man täglich vor sich hat, neu erfahren zu können. Das Gespür für das Neue gehört zu den unerläßlichen Eigenschaften der Kreativität. Denn wenn man sich in den existentiellen Wirbel des Lebens begibt, wird einem bewußt, daß dort an seinem Grund immer alles neu ist. Die meiste Zeit aber nimmt man diese Tatsache nicht wahr.

Dieses kreative Loslassen ist Gegenstand der folgenden Geschichte: Monat für Monat, Jahr für Jahr stand ein Bäcker früh auf, um Brot zu backen. Eines Tages sagte ihm ein Kunde, die Brotlaibe, die er über die Jahre hinweg gekauft hatte, sahen immer etwa gleich aus und waren immer etwa gleich schwer, das Brot aber schmeckte immer überraschend frisch und warm. Worauf der Bäcker entgegnete: »Das Brot sieht vielleicht gleich aus, aber jeder Laib, den ich backe, ist neu, denn darin bringe ich meine Kreativität zum Ausdruck.«

Auch uns bietet sich jeden Morgen die Gelegenheit, offen zu sein für die Kreativität des Chaos, für die Welt um uns und für die Möglichkeit, unser Leben – wie das Brot des Bäckers – neu zu gestalten.

2. LEKTION:
Die Macht des Schmetterlings
Der subtile Einfluß

Verglichen mit den Naturgewalten der Erde scheint von einem flatternden Schmetterling keine allzu große Wirkung auszugehen. Ein altes chinesisches Sprichwort aber besagt, daß die Kraft von Schmetterlingsschwingen noch auf der anderen Seite des Erdballs zu spüren sei.
Die Chaostheorie hat wiederholt auf Fälle hingewiesen, in denen sich dieses Sprichwort buchstäblich bewahrheitete. Chaos, als Metapher gesehen, kann die herkömmlichen Auffassungen über Macht und Einfluß, die vom einzelnen ausgehen, grundlegend verändern.

Das Geheimnis des amplifizierten Kleinen

Die wissenschaftliche Erkenntnis über die Wirkungskräfte des Schmetterlings kam durch die Arbeit Edward Lorenz' zustande, eines Meteorologen, der als einer der Begründer der Chaostheorie gilt. Lorenz testete ein einfaches Modell zur Wettervorhersage. Dabei wurden die Daten über Windgeschwindigkeit, Luftdruck und Temperatur in drei verschiedene Gleichungen eingesetzt, die so miteinander gekoppelt waren, daß das Ergebnis der einen Gleichung zum Ausgangspunkt für die beiden anderen wurde; dann wurde der Vorgang wiederholt. Mit anderen Worten, es handelte sich um eine mathematische Rückkoppelungsschleife. Die Daten zur aktuellen Wetterlage durchliefen zahllose Schleifen, an deren Ende schließlich die Simulation des zukünftigen Wetters stehen sollte.

Als Lorenz seine langen Berechnungen abgeschlossen hatte, mußte er das Ergebnis mehrfach nachprüfen. Da es noch keine superschnellen Rechner gab, entschied er sich für eine Abkürzung und führte die Berechnungen nur noch bis zur dritten statt bis zur ursprünglich sechsten Dezimalstelle durch. Er wußte, daß er sich damit einen kleinen Fehler von etwa einem Zehntel Prozent einhandelte, und erwartete, daß auch seine Wettervorhersage um diesen Grad vom ersten Ergebnis abwich.
Was er nicht erwartete, war, wie wenig Ähnlichkeit die neue Vorhersage mit jener aufwies, bei der die Zahlen nicht gerundet waren. Lorenz war sich schnell darüber im klaren, was dafür verantwortlich war. Da die Ergebnisse auf jeder Stufe der Berechnung rückgekoppelt oder iterniert wurden und den Ausgangspunkt für die nächste darstellten, vergrößerte sich die ursprüngliche Differenz schnell zu einem großen Betrag. Die Schlußfolgerungen, die er daraus zog, ließen ihn zu einem Begründer der Chaostheorie werden.
Die miteinander verknüpften Gleichungen in Lorenz' Modell beschreiben ein sogenanntes nichtlineares System. Solche Systeme weisen die Eigenschaft auf, daß winzige Einflüsse – wie die geringfügige Abweichung von den ursprünglichen Daten – sich plötzlich so weit aufblähen können, daß sich das gesamte System verändert. Lineare Systeme, wie sie von der konventionellen Wissenschaft beschrieben werden, zeigen bei geringen Einwirkungen kleine Veränderungen. Drückt man sacht auf das Gaspedal eines Autos, wird es sich langsam beschleunigen – kleine Ursachen erzeugen kleine Wirkungen. Andererseits kann man (bei einem Automatikgetriebe) das Gaspedal durchdrücken, so daß sich ein niederer Gang einschaltet. Plötzlich wird man in den Sitz gepreßt, während der Wagen losschießt. Linearität wurde von Nichtlinearität abgelöst.
Lorenz faßte die Nichtlinearität in seinem Wettermodell keineswegs als eine Art Fehler auf, sondern erkannte, daß der Vorgang, der sich in seinen Gleichungen abgespielt hatte, auch bei der Entstehung des tatsächlichen Wetters auftritt. Da das Wetter ein cha-

otisches System mit zahllosen iterierenden Rückkoppelungen darstellt, ist es nichtlinear, wodurch es auf winzigste Einflüsse äußerst sensibel reagiert. Selbst kleine Temperaturerhöhungen, Veränderungen der Windgeschwindigkeit oder des Luftdrucks, die im System ihre zahllosen Schleifen ziehen, können weitreichende Auswirkungen haben. Daher stellte er, in Anlehnung an das erwähnte chinesische Sprichwort, die Frage: »Löst der Flügelschlag eines Schmetterlings in Brasilien einen Tornado in Texas aus?«[1]

Was ist damit gemeint?

Unter Wetter kann man die momentanen Fluktuationen verstehen, die im sich selbstorganisierenden Klimasystem stattfinden. Das Klima bleibt über lange Zeitabschnitte relativ stabil, und im allgemeinen wiederholen sich in der jeweiligen Wetterlage die klimatischen Grundstrukturen. Betrachtet man aber Klimastrukturen genauer, erkennt man, daß das jeweilige aktuelle Wetter den sich ständig verändernden, amplifizierenden und Bifurkationspunkte erzeugenden Auswirkungen seiner eigenen Iteration unterworfen ist. So wie ein Fluß seine eigenen Unberechenbarkeiten erzeugt, die Turbulenz und Wirbel hervorrufen, schafft das Wetter Zufälligkeiten, die sein wechselhaftes Verhalten bestimmen.

Modernen Supercomputern stehen mittlerweile riesige Datenmengen zu den gegenwärtigen Wetterbedingungen zur Verfügung, die in nichtlinearen Gleichungen iteriert werden, wodurch man zu hinlänglich genauen Aussagen kommt, wie das Wetter in den nächsten ein bis drei Tagen aussehen wird. Vorhersagen, die über diesen Zeitraum hinausgehen, oder der Versuch, für einen sehr begrenzten geographischen Raum eine genaue Beschreibung des Wetters zu liefern, werden jedoch zunehmend spekulativ. Einer der zahllosen kleinen Schmetterlinge, der bei der Dateneingabe in den Computer nicht berücksichtigt wird, kann sich dann entscheidend bemerkbar machen. In einem chaotischen System ist durch positive und negative Rückkoppelung alles mit allem verbunden. Daher kann in der realen Welt eine dieser Schmetterlingsschleifen eine Wetterfront ein wenig in diese oder jene Richtung voranschieben oder eine geringe Temperaturveränderung veranlassen ... und plötzlich ist eine Grenze überschritten – durch Rückkoppelung verstärkt sich das Kleine, so daß es sich zum Großen auswächst –, und das Unvorhergesehene tritt ein. Nach dieser Entdeckung von Lorenz stießen Wissenschaftler bei der Erforschung komplexer Systeme überall auf nichtlineare »Schmetterlings«-Effekte: Schon wenige Pollensamen können einen Heuschnupfenanfall auslösen, ein winziger Impuls genügt, um ein gesamtes Neuronenbündel zu aktivieren, Gerüchte und Spekulationen können zu einem Börsenkrach führen. Jede dieser internen Schmetterlingsschleifen kann sich durch Rückkoppelung so weit verstärken, daß sich die Gesamtsituation ändert. Der Mensch mag weiterhin davon träumen, alles vorhersagen und kontrollieren zu können, die Chaostheorie hält dem entgegen, daß selbstorganisierte Systeme angefüllt sind mit zahllosen Schmetterlingen, die dort in allen Farbschattierungen und Erscheinungsformen vorkommen. In der Natur, in der Gesellschaft und im täglichen Leben herrscht das Chaos durch die Kraft des Schmetterlings.

Die Macht der Machtlosen

Macht als theoretische Vorstellung ist Ausdruck des tief im Menschen verwurzelten Begehrens, sich mit anderen Menschen verbunden zu fühlen und auf sie zu wirken. In der Jäger- und Sammlervergangenheit, als der *Homo sapiens* in kleinen Gruppen umherstreifte, war Macht unter den einzelnen Mitgliedern wahrscheinlich kein besonderes Thema. Jeder konnte direkt die gesamte Gruppe beeinflussen. Größere Gemeinschaften und Städte aber machten es dem einzelnen zunehmend schwieriger, auf die Gesellschaft als Ganzes Einfluß zu nehmen. So kam es zu verschiedenen Organisationsformen für große Bevölkerungen. Am gelungensten schien dies in den Gesellschaften verwirklicht, die versuchten, die nötige Stabilität der Gemeinschaft mit der nötigen Freiheit und Kreativität des einzelnen in Einklang zu bringen. Die griechischen Stadtstaaten sind ein Beispiel für dieses Gleichgewicht, das für die freien Bürger der Gesellschaft relativ gut funktionierte und kulturell eine immense Kreativität freisetzte. Weniger gut funktionierte dieses System für die Sklaven und Frauen. Daher entwickelte sich ein Ungleichgewicht zwischen jenen, die mächtig genug waren, die Gesellschaft zu beeinflussen, und jenen, denen dies verwehrt war. Oft genug setzten sich gerade diejenigen an die Spitze des Staates, die sich am unsichersten und von ihren Mitmenschen isoliert fühlten.

Anthropologen fanden heraus, daß die !Kung, ein in der Kalahari lebendes afrikanisches Volk, sehr genau wissen, welche Gefahren es birgt, wenn der einzelne seine Identität über Macht definiert. Kehrt ein !Kung-Jäger mit besonders reicher Beute nach Hause zurück und teilt sie mit den Nachbarn, dann danken ihm diese nicht, sondern beschimpfen ihn. Als Erklärung führen sie an: »Jawohl, wenn ein junger Mann viel Fleisch macht, dann sieht er sich schon als ein Häuptling oder großer Mann, und uns übrige sieht er als seine Diener oder Untergebenen. Das können wir nicht hinnehmen, von Angebern wollen wir nichts wissen, denn irgendwann bringt ihre Überheblichkeit sie dazu, jemanden zu töten. Also sagen wir immer, ihr Fleisch ist nichts wert. Auf diese Weise kühlen wir sie ab und bringen ihnen Bescheidenheit bei.« Der Anthropologe Marvin Harris merkt dazu noch an, die !Kung würden Anführer durchaus anerkennen. Aber: »Soweit es bei diesen einfachen, in Horden oder Dorfgemeinschaften organisierten Gruppen überhaupt so etwas wie eine politische Führung gibt, wird sie von Individuen ausgeübt, die man als Anführer bezeichnet und die über keine Macht verfügen, den anderen ihren Willen aufzuzwingen.«[2]

Macht ist an und für sich nichts Negatives. Menschen müssen Macht ausüben, um in der Natur zu überleben – sie müssen für Bewässerungszwecke Flüsse umleiten, das Land pflügen und Nahrungsmittel transportieren. Der menschliche Machtgebrauch ging über diese Anwendungsgebiete allerdings weit hinaus. Historisch gesehen waren große Gemeinschaften selten so einsichtig wie die !Kung, wenn sie verhindern wollten, daß die Beziehungen innerhalb der Gemeinschaft vom Machtgedanken beherrscht werden. In den modernen technologischen Gesellschaften wuchs der Macht eine herausragende Bedeutung zu. Es ist lange her, daß sie nur eingesetzt wurde, um das Überleben in der Natur zu sichern oder Einfluß auf andere zu nehmen. Macht dient hier vor allem der Kontrolle, dem Versuch, anderen seinen Willen aufzudrängen oder sie, wenn nötig, zu vernichten. Die Weltgeschichte oder auch die Literatur kennen zahlreiche Gestalten, die von Machtgedanken geradezu besessen waren. Das zwanzigste Jahrhundert aber hat der Vorstellung, was Macht sei, seinen unwiderruflichen Stempel aufgedrückt.

Die moderne Vorstellung von Macht hat ihren Ursprung in der industriellen Revolution und der Erfindung großer Maschinen, die bis dahin ungeahnte Energien und damit Macht erzeugen konnten. 1776 sagte Matthew Bolton, Produzent von Dampfmaschinen: »Sir, ich verkaufe hier, was alle Welt begehrt ... Macht.« Ein Jahr später schrieb James Watt: »Die Geschwindigkeit, Gewalt, Größe und der schreckliche Lärm der Maschine hinterlassen bei allen, die sie sehen, ein Gefühl vollkommener Befriedigung, mögen sie daran glauben oder nicht.«[3]

In Fabriken und auf Schienensträngen mag diese Art der (technologischen) Macht ihren Platz haben. Wird jedoch der Ethos dieser Einstellung (»Macht ist die einzige Antwort, die wir kennen«) auf das feinmaschige Gewebe gesellschaftlicher Beziehungen übertragen, mißlingt vieles. Macht erlaubt dem Menschen zwar, bis zu einem gewissen Grad die Natur zu beherrschen, versagt jedoch, wenn sie verwendet wird, um die menschliche Natur zu kontrollieren. Geistige und humanistische Werte sind angesichts der zunehmenden, zentralen Bedeutung von Macht in unserer modernen und postmodernen Gesellschaft auf dem Rückzug.

Die heutige Gesellschaft ist vom Machtgedanken förmlich besessen. Der Mensch ist umgeben von der Macht des Geldes, der Persönlichkeit, des Geistes, der Computer, von organisatorischer und politischer Macht, der Macht der Liebe, des Sex, der Jugend, der Religion; der Macht, seine Gene zu verändern oder das Bild, das er von sich selbst hat, von militärischer Macht und den Machtstrukturen zwischen den verschiedenen gesellschaftlichen Gruppierungen. In Zeitungen und Fernsehshows läßt man sich unaufhörlich über das Leben der Mächtigen aus – wie sie Macht ausüben, ob sie sie gewinnen oder verlieren. In den Köpfen der Menschen hat sich die Vorstellung eingenistet, sie könnten tun, was sie wollten, wenn sie nur genügend Macht hätten. Man glaubt, wenn man nur über die Macht verfügt, die Situation kontrollieren zu können, dann würde man sich sicherer fühlen. Der Gedanke der Kontrolle schafft dabei die trügerische Unterscheidung zwischen dem, der kontrolliert, und dem, der kontrolliert wird.

In Wahrheit ist diese Besessenheit vielleicht einfach nur Symptom der eigenen Machtlosigkeit. Anonyme Institutionen und gesellschaftliche Kräfte scheinen das Schicksal des einzelnen zu bestimmen. Durch die Verbreitung des Voice-mail wurde es nahezu unmöglich, sich mit einem Menschen zu verständigen und eine Bitte vorzubringen, die nicht auf einem Menü aufgelistet ist. Da man scheinbar machtlos ist, kocht man vor Wut, wenn man nach fünfundvierzig Minuten, in denen man durch das Drücken von Knöpfen mit einer Maschine kommuniziert hat, vom System aus der Leitung geworfen wird.

Wenn man sagt, man fühle sich machtlos, dann meint man damit nur, daß man sich nicht mächtig genug fühlt, um gegen die Firma, die Bürokratie, die starke Persönlichkeit eines anderen Menschen oder gegen ein widerspenstiges »anderes«, das in der eigenen Psyche lauert, vorzugehen. Man fühlt sich unterlegen.

Wie soll man sich in einer Welt der Mächtigen und des Unpersönlichen verhalten? Die Antwort lautet meist: indem man versucht, Macht zu erlangen. Die Chaostheorie schlägt eine andere Antwort vor. Sie weist darauf hin, daß komplexe und chaotische Systeme weder exakt vorherzusagen noch vollständig zu kontrollieren sind. Allerdings ist es auch nicht leicht, starre Systeme in Bewegung zu versetzen. Aber wie wäre es, wenn man über die unzähligen kleinen Rückkoppelungsschleifen agiert, welche die Gesellschaft zusammenhalten? Jeder kann durch sie, was bislang kaum beachtet wurde, enormen Einfluß ausüben. Verfügt man auch nicht über die Macht dessen, der im traditionellen Sinn die Kontrolle ausübt, so besitzt doch jeder die »Macht des Schmetterlings«, die durch subtilen Einfluß wirkt.

Was ist subtiler Einfluß?

In einem Essay, der Ende der siebziger Jahre für viele Bewohner Osteuropas große Bedeutung erlangte, stellte der tschechische Schriftsteller Václav Havel dem traditionellen Widerstand gegen die (Staats-)Macht eine grundlegend andere Widerstandsform entgegen, die er die »Macht der Machtlosen« nannte. Havel konnte zu der Zeit nicht wissen, daß er in gesellschaftspolitischen Begriffen genau die Bewegung beschrieb, die Lorenz' chaotischer Schmetterling vollführte.

Den Hintergrund für Havels 1978 verfaßten Aufsatz bildete das kommunistische Regime in der damaligen Tschechoslowakei. Er wußte, daß nur wenig Hoffnung bestand, die posttotalitäre Gesellschaft durch eines der klassischen Machtmittel – wie eine Befreiungsarmee oder eine Volkserhebung – in eine Gesellschaft umzuwandeln, die die Menschenrechte und die Freiheit des einzelnen respektiert. So beschäftigte er sich mit der Frage, ob es nicht eine andere Art von Macht gebe.

Er kam zu der Erkenntnis, daß die Macht in seinem Land – wie, kann getrost hinzugefügt werden, in vielen mächtigen Organisationen und Systemen der Welt auch – nicht durch eine traditionelle Führungshierarchie aufrechterhalten wurde, sondern durch das aktive und geheime Einverständnis derjenigen in der Gesellschaft, die am wenigsten Macht besaßen und deren Handlungen sich innerhalb gewisser »Automatismen« vollzogen.

Als Beispiel führt er einen Gemüsehändler an, der in seiner Auslage ein Spruchband ausstellt, »Arbeiter aller Länder, vereinigt euch«. Das Schild wurde mitsamt den Zwiebeln und Möhren vom

Staatsbetrieb geliefert. Allerdings setzt der Händler das Schild nicht deswegen ins Schaufenster, weil es ihm wirklich ein Bedürfnis ist, der Öffentlichkeit seine Ideale mitzuteilen. Havel interpretiert die wahre Botschaft des Gemüsehändlers folgendermaßen: »Ich, der Gemüsehändler XY, bin hier und weiß, was ich zu tun habe; ich benehme mich so, wie man es von mir erwartet; auf mich ist Verlaß, und man kann mir nichts vorwerfen; ich bin gehorsam und habe deshalb das Recht auf ein ruhiges Leben.«[4]
Das Schild verkündet also, daß sich der Händler der inneren Dynamik eines Systems, das darauf angewiesen ist, daß alle mitspielen, unterwirft. Seine Tat ist eine von Hunderttausenden, die das System stabilisieren und dafür sorgen, daß die einzelnen Bürger der Parteilinie folgen.
Auch wenn man glaubt, in einer freien und demokratischen Gesellschaft zu leben, hat jeder aus erster Hand diese von Havel beschriebenen Automatismen erfahren. David Whyte erzählt von einem Angestellten in einem großen Unternehmen – nennen wir ihn George –, der an einer Sitzung teilnimmt, in der der Chef die Beteiligten darum bittet, seinen neuen Geschäftsplan mit Punkten von eins bis zehn zu bewerten. Die meisten Teilnehmer sind sich einig, daß der Plan schlecht ist und kaum Erfolgsaussichten hat. Dennoch ist allen klar, welche Antwort der Boß erwartet. So sagen die meisten zehn. Eine mutige Person wagt ein neuneinhalb. Als die Reihe an George kommt, ist er zwar versucht, die wahre Antwort zu geben – »nahe bei Null« –, fügt sich aber schließlich und sagt ebenfalls zehn.[5]
Wie oft hat man zehn gesagt und wie der Gemüsehändler sein eigenes Schild ins Schaufenster gestellt? Oder man hat sich gegen das System erhoben, nur um dann festzustellen, daß man von den anderen Machtlosen, die ebenfalls ihr Schild im Fenster ausstellen, aufgerieben wurde. Fordert man das System offen heraus, erfährt man, daß nicht die angeblichen Machthaber, sondern ganz gewöhnliche Individuen, die eifrig zehn sagen und beweisen wollen, daß sie zum Team gehören, die unnachgiebigsten Gegner sind. Natürlich rühren ihre Reaktionen auch nur aus dem

Gefühl der Machtlosigkeit her – und vielleicht von der Hoffnung, ein wenig an der Macht teilhaben zu dürfen.

Systeme, die auf geheime Einverständnisse und Automatismen beruhen, sind aus der Sicht der Chaostheorie keine offenen kreativen Systeme. Ihr Verhalten wird von einer relativ kleinen Anzahl negativer Rückkoppelungsschleifen bestimmt. Die vielen kleinen Schleifen – wie das Schild des Gemüsehändlers – sind nicht Ausdruck des kreativen Freiheitsgrades, sondern sind trotz ihrer Vielzahl zu einer einzigen großen Schleife verknüpft und repräsentieren das, was Chaoswissenschaftler einen Grenzzykel nennen.

Grenzzykelsysteme sind vom Fluß der äußeren Welt abgeschnitten, da sie einen Großteil ihrer Energie dafür aufwenden müssen, um die relativ mechanischen Verhaltensweisen immerwährend fortlaufen zu lassen und Veränderungen zu unterbinden. Um in solch rigiden und vergleichsweise geschlossenen Systemen zu überleben, muß ein jeder von seiner Individualität einige – oder auch beträchtliche – Abstriche vornehmen, indem er sich den Automatismen anpaßt. Wer in solchen Systemen, »an die Spitze« gelangt, bedient sich meist hohler Phrasen, geistloser Formeln, die den Mechanismen der Konsensbildung entgegenkommen.

Genau das sind die Systeme, in denen man sich machtlos fühlt. Man will sie ändern, kann es jedoch nicht, da sie allen Bemühungen zu widerstehen scheinen. Systeme dieser Art finden sich überall in der Gesellschaft. Sie verhelfen den Wohlhabenden mit guten Beziehungen dazu, von der Regierung weiterreichende Vergünstigungen zu erhalten als die Durchschnittswähler; sie können sich in einer Firma finden, die Kunden verliert, da die Versandabteilung personell unterbesetzt ist, aber niemand darauf hört oder etwas dagegen unternimmt. Grenzzykel können auch in der Psyche des einzelnen operieren. Jeder kennt Menschen, die in ihrem Leben immer die gleichen Fehler begehen. Kaum haben sie eine katastrophale Beziehung beendet, stürzen sie sich unter der treuen Versicherung, diesmal werde es wirklich anders, sofort in die nächste.

Der Versuch, von Grenzzykeln beherrschte Systeme zu kontrollieren oder zu überwinden, führt oft genug nur dazu, daß man sie noch verstärkt. Zu den Aussagen der Chaostheorie gehört, daß letztendlich derjenige, der Kontrolle ausübt, kontrolliert wird – wer antritt, das System zu überwältigen, wird von ihm überwältigt. Man macht sich etwas vor, wenn man diese Systeme so behandelt, als seien sie etwas Separates, von uns Getrenntes.
Aber wenn es wahr ist, daß diese obsessiven Systeme durch das Netzwerk unseres Einverständnisses mit dem Grenzzykel zusammengehalten werden, impliziert dies, daß der Einfluß des einzelnen enorm sein muß. Daraus ergibt sich, daß man den eigenen Einfluß auf positive Weise nutzen sollte, um eine offenere, kreativere Umgebung zu schaffen.

Die Macht des subtilen Einflusses

Mike Patterson, der für das *U.S. Department of Housing and Urban Development* auf kommunaler Ebene als Ausbilder tätig ist, beschreibt (in einem Gespräch mit John Briggs) Gemeinschaft als »ein Netz kleiner, scheinbar unwichtiger Dinge – kleine Nettigkeiten, jemandem einen Gefallen erweisen, auf andere achtgeben, ein Lächeln, Winken, alles, was Leute so tun. Eine funktionierende, gesunde Gemeinschaft ist wie ein Kreis oder ein Korb, der durch gegenseitiges Vertrauen, Respekt, durch das aufeinander Angewiesensein zusammengehalten wird. Unternehmen und ähnliche Organisationen sind Pyramiden oder Dreiecke, sie haben klar definierte, scharfe Kanten und Hierarchien mit rigiden Machtstrukturen.«
Der polnische Anthropologe Bronislaw Malinowski wies als erster darauf hin, daß »pathische Sprechakte«, wie er sie nannte – der Hinweis auf das Wetter, der Gruß auf der Straße –, die allgemeine Atmosphäre schaffen, die eine Gesellschaft verbindet. Die MiqMaq-Indianer in Kanada und Neuengland würden ihm zustimmen. Ihrer Meinung nach gibt es nichts Wichtigeres, als

durch die Gemeinde zu gehen und mit anderen Klatsch auszutauschen. Dessen Inhalt ist weit weniger wichtig als der damit verbundene persönliche Austausch. Hier kommt der wirkliche Einfluß des einzelnen zur Geltung.
Allein dadurch, wie man sich gibt, übt man subtilen Einfluß aus – im Positiven wie Negativen und ganz abgesehen von den direkten Folgen, die das jeweilige Verhalten hervorruft. Unser Wesen, unsere Einstellung schaffen das Klima, in dem andere leben, die Atmosphäre, die sie atmen. Wir liefern die Nährstoffe für den Boden, in dem andere wachsen. Sind wir glücklich, positiv, nachdenklich, hilfreich, ehrlich, färbt dies auf subtile Weise auf andere ab. Jeder kennt dies bei Kindern. Sie reagieren sehr viel mehr auf das, was man *ist*, als auf das, was man *sagt*. Aber jeder wird vom Wesen anderer sehr subtil und tief berührt. Um nur ein Beispiel zu nennen: Wissenschaftler, die sich mit älteren, verheirateten Paaren beschäftigten, stellten fest, daß die Stimmung des jeweiligen Partners sehr viel wichtiger ist als der eigene Gesundheitszustand. Wie man herausfand, kann ein Ehemann ernstlich krank sein, ist seine Frau jedoch glücklich, so ist es sehr wahrscheinlich, daß er sich ebenfalls glücklich fühlt.
Ein subtiler Einfluß im negativen Sinn (geheimes Einverständnis) hält restriktive Grenzzykeln zusammen. In seinem positiven Sinn aber ist er lebenswichtig, damit offene Systeme erneuerbar und dynamisch bleiben. Durch die Metapher des Chaos ergibt sich somit eine neue, nuancierte Möglichkeit, zwischen Gutem und Schlechtem zu unterscheiden.
Zugrunde liegt die Tatsache, daß die Macht des Schmetterlings von Natur aus nicht vorhersehbar ist. Man klinkt sich auf so unterschiedliche Weise in die gesellschaftlichen Rückkoppelungsschleifen ein, daß es ebenso schwierig ist, die langfristigen Folgen des eigenen Handelns vorherzusagen wie das Wetter des nächsten Monats. Vielleicht raten viele Weisheitslehren aus diesem Grund dazu, das eigene Handeln nicht nur auf das zukünftige Wohlergehen der anderen zu richten, sondern auch auf die Authentizität des Augenblicks – sich selber treu zu bleiben – und

auf Werte wie Mitgefühl, Liebe und Freundlichkeit. Die positive Macht des Schmetterlings basiert auf der Akzeptanz der paradoxen Aussagen der Chaostheorie, daß jedes einzelne/jeder einzelne gleichzeitig ein unteilbarer Aspekt des Ganzen ist, daß jeder gegenwärtige chaotische Augenblick das zukünftige Chaos widerspiegelt. »Positives« Handeln ist authentisches Handeln, das von der individuellen Resonanz der Wahrheit des Augenblicks ausgeht.

Zur Erinnerung: Die authentische Wahrheit ist der Ort, an dem man erfährt, daß das Sein »nicht mit Worten gemessen« werden kann. Die positive Macht des Schmetterlings, die in Wirklichkeit die Macht des offenen Systems ist, entspringt dort.

Allgemein fällt es nicht schwer, zwischen negativen und positiven Einflüssen zu unterscheiden. Eine negative Bemerkung kann das Ich verhärten. Negative Menschen scheinen in einem Grenzzykel aus Egoismus, Neid, Wut, Mißachtung anderer und skrupellosem Ehrgeiz gefangen.[6] Ihrer Machtgier haftet etwas Mechanisches an. Doch sollte man mit seinen Urteilen vorsichtig sein. Was auf den ersten Blick ein negativer Einfluß zu sein scheint, kann sich als positiv herausstellen. So ist es hin und wieder notwendig und angebracht, zu kritisieren, nein zu sagen, Grenzen zu ziehen. Wenn jemand Ziele anstrebt, die die momentane Situation oder seine momentanen Fähigkeiten nicht erlauben, wäre es ein authentischer Akt, ihn freundlich, aber bestimmt darauf hinzuweisen, gleichgültig, wie schmerzhaft dies für ihn zum gegenwärtigen Zeitpunkt ist. Hätte George im obengenannten Beispiel »null« statt »zehn« gesagt, wäre sein Chef wütend oder enttäuscht gewesen. Da er jedoch »zehn« sagte, trug er mit seinem Einverständnis zur immerwährenden Fortsetzung einer Illusion bei, die katastrophale Folgen nach sich ziehen könnte.

Die eigene Stimmung hebt sich, wenn man ein Lächeln oder ein freundliches Wort aufnimmt; das Positive kann jedoch nur dann kreativ zur Öffnung des Systems beitragen, wenn es authentisch ist und aus »reinem Herzen« kommt. In den USA basierten während der siebziger Jahre Unterrichtsmethoden auf den Grundlagen der operanten Konditionierung. Da die Bestrafung als verpönt galt, meinten Erziehungswissenschaftler, Kinder könnten durch ein System der Belohnung, »positive Verstärkung« genannt, zum Lernen und zu gutem Verhalten animiert werden. Lehrbücher für die Pädagogenausbildung enthielten Hierarchien dieser »positiven Verstärker«, die auswendig zu lernen waren: »Toll«, »du hast heute gut gearbeitet« oder sogar »du hast dir meine Liebe verdient«. Lehrer wurden dazu angehalten, vor dem Spiegel positive Mimiken zu üben. Kurz gesagt, Lehrer wurden gezwungen, mechanische, nicht authentische Verhaltensweisen an den Tag zu legen, die den individuellen Situationen in keinster Weise entsprachen. Natürlich durchschauten viele Kinder das System und verachteten dafür ihre Lehrer wohl um so mehr. Andere wurden so vom Lob abhängig, daß sie eine neutrale Bemerkung des Lehrers mit Bestrafung gleichsetzten.

Jeder Mensch ist ein verborgener Freiheitsgrad, ein Aspekt der schlummernden Kreativität des Systems. Das System ist »innen« wie »außen« (die Wörter stehen in Anführungszeichen, da in der Chaostheorie innen und außen relative Begriffe sind) empfänglich für die verstärkende Kraft des Schmetterlings. Aber wer übernimmt für die Ausübung dieser Macht »die Verantwortung«? Wie das folgende Beispiel zeigt, erfordert die Macht des Schmetterlings eine neue Sicht auf Begriffe wie Macht und Einfluß.

Menschen in von Mißbrauch geprägten Abhängigkeitsbeziehungen sind in einem klassischen Grenzzykelsystem gefangen. Eine Frau, die über Jahre hinweg von ihrem Ehemann geschlagen wurde, rief in dieser Zeit regelmäßig bei der Polizei an und bat sie um Hilfe, weigerte sich jedoch, Anzeige zu erstatten. Sagten ihr die Beamten, sie solle sich scheiden lassen, brachte sie sogar entschuldigende Argumente für das Verhalten ihres Mannes vor. Der Anruf bei der Polizei und die nachfolgende Lösung der augenblicklichen Spannung wurden Teil des Systems, in dem sie gefangen war. Eines Abends dann ließen sich einige Beamte auf die Frau ein und hörten ihr einfach nur zu. Nach mehreren Stunden, in denen sie ihr ihre Aufmerksamkeit schenkten, Fragen stellten,

Ermutigungen aussprachen, beschloß sie, ihren Ehemann anzuzeigen, und reichte schließlich die Scheidung ein.
Was genau die ausschlaggebende Ursache für diese Wahrnehmungsverschiebung war, läßt sich nicht sagen. Vielleicht war es das authentische Interesse der Beamten, genausogut aber könnte es eine Reihe anderer Faktoren gewesen sein, die zum letzten nichtlinearen Tropfen wurden, der den Grenzzykel zum Überlaufen brachte. Da der Schlüssel zur Veränderung so gesehen nicht so sehr in einer einzelnen, individuellen Tat liegt, sondern in den vielen unterschiedlichen, interagierenden Rückkoppelungsschleifen, geht die positive Macht des Schmetterlings immer einher mit einem Maß an Bescheidenheit.
So bescheiden diese Macht auch sein mag, in ihr liegt, wie Václav Havel nahelegt, unsere Freiheit begründet.
Unter dem kommunistischen Regime hielt sich das tschechoslowakische Volk für machtlos. Doch auch unter diesen extremen Bedingungen fanden einzelne die Möglichkeit, sich in authentischen, kreativen Handlungen zu engagieren. Havel nannte solche Aktionen »in der Wahrheit leben«. In der Sprache der Chaosmetapher stellt das »Leben in der Wahrheit« den einfachen (aber nicht immer einfach zu beschreitenden) Weg dar, sich der Ungewißheit zu öffnen, die Grenze zwischen Individualität und dem Ganzen zu erkunden und aus dieser Erkundung heraus zu handeln. Das ist die wahre Macht der Machtlosen. In der authentischen Bewußtwerdung der Wahrheit des Augenblicks liegt die Fähigkeit zur bescheidenen, dennoch tiefgreifenden Beeinflussung rigider, auf Automatismen und hohlen Phrasen basierender Systeme.
Wie bereits erwähnt, sind rigide Systeme (Grenzzykel) davon abhängig, daß jeder ein wenig von seiner kreativen Individualität opfert, damit er im Einverständnis mit dem System leben kann. Was würde geschehen, wenn der Gemüsehändler einfach sein Schild aus der Auslage entfernt hätte? Havel folgert, daß sich diese kleine Tat kaskadengleich durch das ganze System ziehen könnte. »Der Gemüsehändler hat doch die Machtstruktur nicht

durch seine ›physische‹ Bedeutung, durch seine tatsächliche Macht bedroht, sondern dadurch, womit seine Tat über sich selbst hinausging, womit sie in seine Umgebung hinausstrahlte – und freilich durch die unberechenbaren Folgen dieser Ausstrahlung.«[7]
Tatsächlich handelten viele tschechische Schriftsteller und Intellektuelle wie dieser hypothetische Händler und verzichteten in der offiziellen Gesellschaft auf den »Erfolg«. So konnten sie ihre kreative Freiheit ausüben und authentisch darüber schreiben, was sie wirklich glaubten, auch wenn ihre Werke nur unter der Hand zirkulierten. Lehrer unterrichteten privat und gaben das weiter, was an den staatlichen Schulen nicht gelehrt werden durfte. Musiker und Künstler trugen dazu bei, daß eine unabhängige Kulturszene entstand. Arbeiter unterstützten sich gegenseitig und traten innerhalb der staatlich kontrollierten Gewerkschaften füreinander ein. Sie alle nahmen das Schild aus dem Schaufenster und weigerten sich, den Grenzzykel ihrer posttotalitären Gesellschaft weiterhin zu stützen. Diese kreativen Einzelhandlungen hatten schließlich transformative Wirkung. Die gesellschaftlichen Folgen der individuellen Aktivitäten führten in den Jahren 1989 und 1990 zur selbstorganisierten »samtenen Revolution«, die die damalige Tschechoslowakei friedlich von den Restriktionen der posttotalitären Gesellschaft befreite.

Was wäre, wenn jeder einzelne in der gleichen Geisteshaltung gegen die Automatismen und die Inauthentizität seiner Umgebung vorginge? Nicht im Geist der Konfrontation, die Macht gegen Macht setzt, sondern indem man seine Kreativität nach Maßgabe des Augenblicks einsetzt. Damit übt man subtilen Einfluß aus, auch wenn man es nicht sehen kann und vielleicht niemals erfahren wird, wie er zur Schaffung oder zum Unterhalt eines offenen Systems beiträgt.

Um ein Gespür für die Möglichkeiten des kreativen Handelns zu bekommen, soll Havels Beispiel erweitert werden.

Wenn der Gemüsehändler das Schild aus dem Fenster nimmt, übt er subtilen Einfluß aus, da er allen kundtut, daß er nach seiner Wahrheit lebt. Die gesellschaftlichen Folgen dieser Einzeltat sind nur schwer vorherzusagen, für den Gemüsehändler aber kann sie sehr konkrete, äußerst unerfreuliche Konsequenzen haben, falls er überwacht und wegen seines »staatsfeindlichen Verhaltens« verhört wird. Ihm stehen jedoch noch andere Möglichkeiten offen. So kann er das Schild im Fenster belassen, mit seinen Freunden jedoch darüber reden, was das Schild wirklich bedeutet und warum er Angst hat, es wegzunehmen. Oder er spricht mit niemandem darüber, flüchtet sich auch nicht in bequeme Zynismen, sondern weigert sich, den Tatsachen ins Auge zu sehen. Letztendlich aber bleibt ihm wohl nichts anderes übrig, als zuzustimmen und seine individuelle Kreativität zu opfern oder sich zu einer authentischen Tat durchzuringen, in der sich die Wahrheit des Augenblicks ausdrückt.

Wird ihm jedoch bewußt, daß er die Freiheit besitzt, subtilen Einfluß auszuüben, wird er zu einem unberechenbaren Element in einer ansonsten kontrollierten Gesellschaft; kurz, er wird zu einem *Trickster.*

Trickster-Figuren zeigen, wie man sich mittels Kreativität gegen eine überwältigende Übermacht durchsetzen kann. Sie sehen über die Grenzen des Systems hinaus und biegen sich die Regeln zurecht. Starre Institutionen und Regierungen werden daher nervös. Und dennoch sind es genau diese Organisationen, die sie am meisten brauchen. Wenn sie nur noch eingeschränkte Wachstums- und Veränderungsmöglichkeiten sehen, dann deswegen, weil sie von überkommenen Grenzen, von einem überkommenen Kontext ausgehen, die lediglich den beschränkten Zwecken einer etablierten Zwangsmacht dienen.

Der Ökologe Joseph Meeker wies darauf hin, daß Tragödien, in denen sich der Held gegen die Götter erhebt und dabei vernichtet wird, sich vor allem in Kulturen griechisch-römischen Ursprungs finden lassen. Die meisten anderen Kulturen ziehen Mythen und Dramen vor, in denen Elemente der Komödie dominieren. Tragödien befassen sich mit Machtkämpfen, Komödien hingegen mit dem *Trickster*, Zweideutigkeiten sowie Rollen- und Verwechslungsspielen. Am Ende der Tragödie steht immer der

Tod, die Komödie endet mit einer Heirat, mit Fruchtbarkeit und dem Fortbestand der Gesellschaft; möglich ist dies durch das Überlisten der Schicksalsmächte, durch das Ausspielen von Zweideutigkeiten und dem ständigen Hin- und Herwechseln, dem Überschreiten von Grenzen.[8] Meeker glaubt, es wäre sehr viel besser, wenn man sich die Maske der Komödie aufsetzte und sich eine sanftere, spielerische Haltung aneignete.

Meister fernöstlicher Kampftechniken machen sich den kreativen Ansatz des *Trickster* zunutze, wenn sie ihrem Gegner gegenüberstehen. Statt die rohen Kräfte zu messen, geben sie der Wucht des Angriffs nach und wenden dann im richtigen Moment die Kraft eines Schmetterlings auf, um den Angriff auf den Angreifer umzuleiten. Wesentlich dafür ist eine Haltung der Ruhe und Sanftheit angesichts extremer Gewalt.

Eine *trickster*ähnliche Bewegung in England richtete in Waldgebieten Begräbnisstätten ein, auf denen man sich, nur in ein einfaches Leichentuch gehüllt, begraben lassen konnte und wo statt der Gedenksteine nur die Bäume an den Toten erinnerten. Ursprünglich war sie als Protestaktion gegen hohe Bestattungskosten und die Holzverschwendung bei der Herstellung von Särgen gedacht. Mittlerweile sind daraus jedoch 56 feste Naturschutzgebiete entstanden. Die trickreiche Änderung der Zielsetzung kam zustande, als den Organisatoren bewußt wurde, daß Umweltschützer bei Protestkundgebungen gewaltsam entfernt werden konnten, die Exhumierung von Leichen jedoch komplizierte und langwierige Gerichtsverfahren erforderte. So, witzeln die Organisatoren, macht es für die Umwelt durchaus »einen Unterschied, wenn Sie sterben«.

Rosa Parks war in den fünfziger Jahren in Montgomery, Alabama, Sekretärin bei den lokalen NAACP *(National Association for the Advancement of Colored People)* und versuchte mehrmals, sich für Wahlen registrieren zu lassen. Ihre Geschichte zeigt, wie subtile Einflüsse drastische Folgen haben können.

In den amerikanischen Südstaaten war es zu dieser Zeit für Schwarze nahezu unmöglich, an Wahlen teilzunehmen. Daneben

Die Macht des Schmetterlings tritt an den Bifurkationspunkten eines wuchernden Systems auf. Solche Systeme besitzen viele Verzweigungsstellen. Subtile Einflüsse bestimmen hier die Richtung, in die sich die Wurzeln weiterentwickeln. Die Gestalt des Wurzelsystems und des Baumes darüber ist das Resultat dieser zahllosen kleinen Einflüsse. *©John Briggs*

hatte Parks bereits mehrere Auseinandersetzungen mit Busfahrern hinter sich und war sogar des Verkehrsmittels verwiesen worden, wie sie sagte, »ich nicht den Fahrschein bezahlen und dann draußen zur hinteren Tür gehen wollte, weil es oft geschah, daß man dann überhaupt nicht in den Bus kam. Sie schlossen einfach die Tür, fuhren davon und ließen einen stehen.« Dieses demütigende, regelmäßig auftretende Verhaltensmuster gehörte zur Machtstruktur der amerikanischen Segregation, in der Parks lebte.

Am 1. Dezember 1955 ließ sie sich nach einem langen Arbeitstag im vorderen Teil eines Busses nieder. Als der Fahrer sie aufforderte, den Platz einem Weißen freizumachen, weigerte sie sich. Später schrieb sie: »Unsere ungleiche Behandlung war einfach nicht gerecht, ich war ihrer überdrüssig. Ich dachte an meine Mutter und meine Großeltern und wie stark sie waren. Ich wußte, es bestand die Möglichkeit, daß man mich zusammenschlug, aber hier hatte ich die Gelegenheit, genau das zu tun, was ich von anderen gefordert hatte.«[9]

Parks hatte an diesem Tag nicht die geringste Ahnung, daß sie damit eine Revolution entfachte. Sie lebte entsprechend der Wahrheit des Augenblicks – eine hart arbeitende, müde Frau, die sich den Sitzplatz nicht weniger verdient hatte wie der Weiße, der sie aufforderte, aufzustehen. Wie sich herausstellte, löste sie damit das geheime Einverständnis auf, welches das System der Rassentrennung in Montgomery zusammengehalten hatte. Ihr kleiner persönlicher Protest wurde durch andere unerwartet und schnell verstärkt. Die schwarze Stadtbevölkerung begann einen historischen, 381 Tage dauernden Boykott der städtischen Busse. Sie traten in den ehrenwerten Pantheon der *Trickster* ein. Sie gingen zu Fuß zur Arbeit, bildeten Fahrgemeinschaften und blieben trotz der Repressionen durch die weiße Machtstruktur friedlich. Die Bewegung handelte in dem Bewußtsein, daß die weiße Bevölkerung nicht als etwas von ihr Getrenntes zu behandeln sei, wenn der Grenzzykel des Systems verändert werden sollte. Martin Luther King wies nachdrücklich darauf hin, daß man nicht zulassen dürfe, daß die Aktion zu einem Machtkampf innerhalb der verschiedenen Gruppen verkomme. »Nicht das Los der Neger von Montgomery wollen wir verbessern, sondern ganz Montgomery«, sagte er bei einer Veranstaltung.[10]

Ausgehend von Rosa Parks' Augenblick der Wahrheit weitete sich die Bewegung aus. Im ganzen Land wurden Weiße darauf aufmerksam und unterstützten den Kampf gegen die Rassentrennung. 1956 erklärte der Oberste Gerichtshof die Segregation für verfassungswidrig.

Antwort auf einen zynischen Realisten

Die Macht des Schmetterlings unterstreicht, wie tiefgreifend der Einfluß des einzelnen auf die Gesellschaft sein kann. Er macht aber auch deutlich, daß Bescheidenheit von wesentlicher Bedeutung ist, wenn der Einfluß positiv wirken soll. Ähnlich wie bei den zufälligen Fluktuationen im erhitzten Wassertopf weiß man nie, wie wichtig der individuelle Beitrag letztendlich wirklich ist. Individuelle Handlungen können im umliegenden Chaos untergehen, aber sie können auch zu einer der vielen Schleifen beitragen, die eine offene kreative Gesellschaft am Leben erhalten. In seltenen Fällen werden sie von anderen aufgenommen, verstärkt und können das gesamte System verändern. Das unmittelbare Ergebnis aber kennt man nicht, auch nicht, wie oder wann der eigene Einfluß Wirkung zeigt. Das Beste, was man tun kann, ist, wahrhaftig, ehrlich und aufmerksam zu handeln, eingedenk der Tatsache, daß es niemals einer allein ist, der Veränderungen hervorruft, sondern die Rückkoppelung innerhalb des Gesamtsystems. So wie Robert Musil in *Der Mann ohne Eigenschaften* schrieb: »... und also setzten wohl auch die kleinen Alltagsleistungen in ihrer gesellschaftlichen Summe und durch ihre Eignung für diese Summierung viel mehr Energie in die Welt als die heroischen Taten; ja die heroische Leistung erscheint geradezu winzig, wie ein Sandkorn, das mit ungeheurer Illusion auf einen Berg gelegt wird.«[11]

Die Kraft des Schmetterlings resultiert aus der Tatsache, daß, wie John Donne es ausdrückte, »niemand eine Insel ist«; wir sind alle Teil des Ganzen. Jedes einzelne Element im System beeinflußt die Richtung aller anderen.

Die Macht des Schmetterlings gibt dem Unmöglichen eine Chance. Für Rosa Parks dürfte es unvorstellbar gewesen sein, daß ihre kleine Handlung zum zentralen Ausgangspunkt für die Veränderung des tiefverwurzelten Systems der Rassentrennung wurde. Dennoch wurde durch ihre authentische Tat eine große Zahl ganz gewöhnlicher Menschen dazu angeregt, so wie sie »in

Wahrheit« zu handeln und dabei das Gewissen einer ganzen Nation zu verändern.[12]

Für Kinder ist es natürlich, das Unmögliche zu tun. Später wachsen sie in eine starre Welt hinein, in der die Grenzen als absolut gelten und das Unmögliche aus dem praktischen Alltag verbannt ist. Die Chaostheorie erinnert jedoch daran, daß die reale Welt ständig im Fluß ist und daß sich die Zusammenhänge verändern. Und morgen findet man vielleicht eine Möglichkeit, das zu erreichen, was heute unerreichbar scheint.

Während zynische Realisten daher argumentieren, die menschliche Natur – das machtgierige, egoistische, hierarchische Bewußtsein des Menschen, das die Geschichte bestimmt – sei niemals zu ändern, weigert sich die Chaostheorie, die Tür zu dieser Veränderung endgültig zuzuschlagen. Sie hält ihnen entgegen, daß sich menschliches Bewußtsein nicht auf das beschränkt, was sich in den Köpfen der einzelnen abspielt. Wie das Wetter ist auch das Bewußtsein ein offenes System. Es wird von der Sprache, der Gesellschaft, den alltäglichen Interaktionen gestaltet. Jeder einzelne ist ein Aspekt des kollektiven Bewußtseins der Welt, und dessen Inhalt wird ständig durch die Kräfte des Chaos verändert, an denen jeder untrennbar teilhat. Das Wesen der menschlichen Natur ist nichts Absolutes, Festgelegtes; im Chaos kann jedes Individuum, jede kleine Gruppe tiefgreifend die gesamte Welt beeinflussen. Tatsächlich mag es so sein, daß signifikante Veränderungen nur durch die Kreativität von Individuen zustande kommen, die sich auf die Suche nach ihrer wahren Beziehung zur Welt begeben.

3. LEKTION:
Im Fluß

Kollektive Kreativität und Erneuerung

Wilfried Pelletier, Mitglied der Ojibway-Gemeinschaft nördlich des Lake Huron, sagt von seinem Volk, es kenne keine Organisation; es brauche sie einfach nicht, »da die Gemeinschaft organisch« sei. Mit einem Beispiel illustriert er, wie sein unorganisiertes Volk es trotzdem schafft, gewisse Dinge zu regeln. »Nehmen wir an, das Versammlungsgebäude einer indianischen Gemeinde braucht ein neues Dach ... Es ist an manchen Stellen seit einiger Zeit undicht und wird immer schlimmer. Es wurde auch bereits darüber gesprochen. Niemand beruft nun ein Komitee oder bestimmt jemanden, der sich des Projekts annehmen soll.« Nichts geschieht, bis »eines Morgens einer auf dem Dach steht und die alten Schindeln runterreißt. Unten am Boden liegen einige Bündel neuer, handgespaltener Schindeln – wahrscheinlich reichen sie für das ganze Dach nicht aus, aber für den Anfang kommt man damit schon mal recht weit. Nach einer Weile kommt ein anderer und sieht den ersten oben auf dem Dach. Also kommt er näher und sagt nicht, ›was machst du dort oben‹, denn das sieht ja jeder, sondern vielleicht sagt er, ›wie sieht's aus, ziemlich beschissen, nehme ich an‹. Irgendwas in der Art. Dann verzieht er sich wieder, kommt aber ziemlich schnell zurück und bringt einen Hammer oder ein Beil und vielleicht ein paar Nägel und einige Rollen Dachpappe mit. Nachmittags ist dann eine ganze Mannschaft auf dem Dach an der Arbeit, unten am Boden türmen sich die Materialien, Kinder holen die alten Schindeln ab – sie nehmen sie mit nach Hause, um sie zum Anzünden zu verwenden –, Hunde bellen, Frauen bringen kalte

Limonade und Sandwiches. Die ganze Gemeinschaft ist beteiligt, und jeder hat seinen Spaß daran. Am nächsten Tag kommt vielleicht ein anderer mit weiteren Schindeln. Und in zwei oder drei Tagen ist der Job erledigt, und zum Schluß feiern sie eine große Party in ihrem ›neuen‹ Versammlungsgebäude.«

Wer war für den Entschluß, das Gebäude neu zu decken, verantwortlich, fragt Pelletier. War es der erste auf dem Dach, ein einzelner, oder war es die gesamte Gemeinschaft? »Wie läßt sich das sagen? Es wurde kein Treffen einberufen, kein Komitee gebildet, keine Gelder angewiesen. Es wurde nicht diskutiert, ob das Dach mit Aluminium oder Duroid oder Blech oder Schindeln gedeckt werden soll, was am billigsten kommt und am längsten hält, all das. Es gab keinen Vorarbeiter, niemand wurde angestellt, niemand stellte in Frage, ob der erste überhaupt das Recht hatte, das alte Dach abzureißen. Dennoch muß es eine Art von ›Organisation‹ gegeben haben, denn die Arbeit wurde getan. Und sehr viel schneller, als wenn man professionelle Dachdecker damit beauftragt hätte. Außerdem war es keine Arbeit, es war Spaß.«[1]

Die Chaostheorie würde darauf antworten, daß die »Organisation« in Pelletiers Dachprojekt »Selbstorganisation« war. Es begann mit Chaos – den unzusammenhängenden Gesprächen über das undichte Dach. Der erste auf dem Dach war ein Bifurkationspunkt, der sich verstärkte. Die Rückkoppelung zwischen dem ersten und dem nächsten, der vorbeikam, war Ausgangspunkt einer Kaskade, die sich durch die gesamte Gemeinschaft zog, die wiederum durch das Projekt miteinander verknüpft wurde, und dieses System verrichtete schließlich die Arbeit.

Pelletiers Ojibway-Gemeinschaft ist ganz offensichtlich ein offenes, kreatives, chaotisches nichtlineares System. Die Menschen in dieser Gruppe stehen, wie er sagte, »nicht miteinander im Wettbewerb. Sie kooperieren aber auch nicht – sie kennen dieses Wort nicht einmal. Was sie tun, geschieht einfach, es fließt einfach dahin.« Innerhalb des offenen Systems der Gemeinschaft entstehen von Zeit zu Zeit kleine selbstorganisierte Systeme wie die gemeinschaftliche Reparatur des Daches. Solche kurzzeitigen Selbstorganisationen erneuern die Gemeinschaft und halten sie lebendig, wie sich an der großen Feier im neuen Gebäude zeigt.

Gesellschaftliche Selbstorganisation und kollektive Kreativität sind nicht nur auf indianische Gemeinschaften beschränkt; man findet sie weltweit in dörflichen Gemeinden und informellen Organisationen jeder Art. Menschen kommen zusammen, helfen einander aus, packen mit an, leisten ihren Anteil. Niemand übernimmt konkret die Leitung, aber die Dinge werden erledigt.

Ein High-Tech-Beispiel für gesellschaftliche Selbstorganisation ist das Internet. Das Netz entstand in den sechziger Jahren, als das US-Militär ein dezentralisiertes Kommandosystem errichten wollte, damit im nuklearen Ernstfall ein einzelnes Zentrum nicht durch einen Schlag ausgeschaltet werden konnte. Die Idee hatte Ähnlichkeit mit dem Plan, die Highways zu einem dezentralisierten Flugplatz auszubauen und bestimmte Abschnitte als potentielle Start- und Landebahnen einzurichten. So wurde der Gedanke entwickelt, die Computer des Landes miteinander zu verbinden und ein riesiges System des Datenaustauschs zu schaffen. Nachdem das Netz jedoch eingerichtet war, wurde es von akademischen Wissenschaftlern genutzt und schließlich der Öffentlichkeit weltweit zugänglich gemacht. Relativ schnell schlossen sich weitere Teilnehmer und Gruppen an, bis Mitte der neunziger Jahre schätzungsweise fünfundzwanzig Millionen Menschen *online* waren (deren Zahl sich momentan alle achtzehn Monate verdoppelt).

Niemand kontrolliert das Netz (zumindest noch nicht, trotz der zahlreichen Bestrebungen, dies zu ändern). Es wird vom offenen Fluß der Teilnehmer unterhalten, die Informationen weiterreichen. Innerhalb der globalen Selbstorganisation des Netzes und ihres Subnetzes, dem *World Wide Web*, entstehen ständig zahllose kleine Selbstorganisationen. Menschen kommen zusammen und vollbringen kreative Arbeit – von der Erfindung neuer Software für den Netzzugang und der Datensicherheit bis zu den Underground-Musikern, die auf ihren *Websites* ihre Arbeit dem

Publikum vorstellen. Für jeden, der Zugang hat, ist das Netz ein alltägliches Beispiel für die Vielfalt kollektiver Kreativität. Die meisten Aktivitäten rühren von Menschen her, die einfach handeln, Informationen suchen und Gedanken austauschen, die sie interessieren. Die Versuche der großen, hierarchisch strukturierten, machtbewußten kommerziellen Organisationen, das Netz ihren Profitmaschinen vorzuspannen, verliefen bislang zu deren Enttäuschung. Jeder, der im Netz surft, weiß, daß er ein chaotisches, dynamisches und offenes System betritt, in dem das, was er macht, »einfach geschieht, es fließt einfach dahin«. Natürlich verfügt das Netz über eine Ordnung, aber sie ist chaotisch.
Zusammengenommen ergibt sich aus der traditionellen Ojibway-Gemeinschaft und der neuen Cyber-Gemeinde ein Ansatz für gesellschaftliche Organisation, der sich radikal von dem der gegenwärtigen Industriegesellschaft unterscheidet.

Leben, Komplexität und der seltsame Attraktor

Aus der Sicht des Chaos ist jede Aktivität in der Natur und Gesellschaft kollektives Handeln. Im Chaos ist der/das einzelne untrennbar mit dem Ganzen verbunden. Daraus ergeben sich zahlreiche Erkenntnisse über die seltsame, paradoxe Beziehung zwischen dem einzelnen und der Gruppe. Dies läßt sich am Beispiel der Termiten veranschaulichen.
Einzelne Termitenpärchen paaren sich zwar und legen Eier ab, betasten sich aber nicht mit den Fühlern. Außerdem sind die Mitochondrien in ihrer Flügelmuskulatur nicht aktiv. Finden sich nun aber so viele Einzeltiere zusammen, daß ihre Zahl einen kritischen Wert übersteigt, ändern sich ihr Verhalten und ihr Stoffwechsel. Sie betasten sich, die Mitochondrien der Flügelmuskulatur zeigen erhöhte Stoffwechseltätigkeit. Und erst im Kollektiv beginnen sie durch nichtlineare Aktivitäten ihren Bau zu errichten. Einzeltiere schweifen ziellos umher und lassen dabei hin und wieder kleine Erdpartikel fallen. Auf ihren Wanderungen

imprägnieren sie diese Klumpen mit einem chemischen Wirkstoff, der andere Termiten anzieht. Schließlich finden sich zufällig an einer Stelle eine größere Anzahl von imprägnierten Erdklumpen, die einen Bifurkationspunkt markieren. Weitere Termiten werden angezogen, durch deren gekoppelte Aktivitäten eine Säule des Baus entsteht: Durch weitere Ausformungen chaotischer Selbstorganisation werden später die Reinigung und Reparatur des Baus geregelt.

Kollektive und individuelle Regeln

In der Welt der Termiten zeigen Einzeltiere eine bestimmte Ausprägung kreativen Verhaltens (die Paarung), während die Tiere in der Gruppe ganz andere kreative Verhaltensweisen an den Tag legen (Errichtung und Reinigung des Baus). Aber auch für die Errichtung des Baus sind Individuen nötig, und die Paarung ergibt keinen Sinn, wenn kein Bau existiert und keine Gemeinschaft vorhanden ist, die sich um die Eier kümmert. Wie bei einem selbstorganisierten Chaos zu erwarten ist, lassen sich individuelles und Gruppenverhalten nicht strikt voneinander trennen. Dennoch gibt es einen klaren Unterschied.

Selbstorganisierte Systeme, die wie bei den Termiten aus Individuen bestehen, besitzen variierende Komplexitätsgrade. Jeder Grad beinhaltet seine eigenen »Regeln«. Das Verhalten der Einzeltiere folgt den einen, das des Kollektivs anderen Regeln. Wobei aber nicht vergessen werden darf, daß sich die Individuen nicht deswegen zur Gruppe zusammenschließen (und dabei etwas völlig Neues bilden), weil ein Individuum oder eine Elite die Führung übernehmen; die Organisation entsteht statt dessen aus der Verknüpfung von Rückkoppelungen, die sich aus der Zufallsaktivität der einzelnen Individuen ergeben.

Diese Verknüpfung wäre nicht möglich, wenn die Natur nur eine Ansammlung relativ isolierter mechanischer Teile wäre – so wie die Naturwissenschaften sie in den letzten zweihundert Jahren dargestellt haben. Durch das Fenster des Chaos ist zu erkennen, daß die Neigung der Individuen, sich durch Interaktion und Selbstorganisation zu neuen Formen zusammenzuschließen, etwas sein muß, das der Natur inhärent ist.

Kollektive kreative Strukturen

Die Chaostheorie zeigt, daß Individuen, die sich auf selbstorganisierte Weise zusammenschließen, hochelastische und anpassungsfähige Strukturen schaffen. Ein Beispiel dafür ist das System der Lebensmittelversorgung der Stadt New York. Der Komplexitätstheoretiker John Holland wies auf einige bemerkenswerte Dinge hin. Manhattan ist eine Insel, deren Lebensmittelvorräte nie länger als für eine Woche reichen. Das Versorgungssystem der Stadt muß auf die kaleidoskopischen Veränderungen reagieren, die sich jeden Tag auf der Insel ereignen: Neue Gebäude werden errichtet, alte abgerissen, kulinarische Vorlieben sind modischen Veränderungen unterworfen, die Bevölkerungszahl ändert sich. Dennoch, wie Holland bemerkt, gibt es in New York weder Hungersnöte noch Lebensmittelschwemmen; zu jeder Tages- und Nachtzeit ist kulinarisch alles zu finden, was gewünscht wird. Das Versorgungssystem bewegt sich mit hoher Effizienz auf der fruchtbaren Grenze zwischen Ordnung und Chaos.

Holland meint, die meisten formalen Regeln (etwa Verzehr, Gesundheit, Verbraucherschutz), die dazu beitragen, daß die Dinge in geordneten Bahnen verlaufen, wurden nicht im voraus geplant, sondern entwickelten sich parallel zum System. Die New Yorker Lebensmittelversorgung entstand, wie jedes chaotische, selbstorganisierte System, von unten nach oben, ausgehend von den Rückkoppelungen zwischen den interagierenden individuellen Elementen. Dazu gehören Einzelhändler, kleinere Gruppen, große kommerzielle Unternehmen und die Kommunalverwaltung. Man stelle sich nur vor, die New Yorker Stadtverwaltung oder eine Privatorganisation versucht, ein zentral von oben gesteuertes Versorgungssystem zu errichten – mit Fünf-Jahres-

Plänen, strategischen Zielen, einem festgelegten Haushalt, Prognosen, Verfahrensrichtlinien, Stellenausschreibungen. Mit einem ähnlich umfassenden Plan versuchten die chinesischen Kommunisten in den fünfziger Jahren das natürliche Chaos der Gesellschaft durch eine auferlegte Planwirtschaft zu »verwalten«. Das Ergebnis waren verheerende Lebensmittelknappheiten und Hungersnöte.

Die koevolutionäre Perspektive

Glühende Verfechter der freien kapitalistischen Marktwirtschaft sehen sich durch dieses Beispiel vielleicht in ihrer Überzeugung bestätigt, daß die Beziehungen der Individuen und ihrer Organisationen auf dem uneingeschränkten, ungehinderten Wettbewerb beruhen. Die Chaostheorie legt hier ihre eigene Perspektive an. Glaubt man nämlich, die New Yorker Lebensmittelversorgung sei ein durch den Wettbewerb begründetes System, dann könnte man nach der Chaostheorie ebenso glauben, Äpfel gebe es nur, weil es auch Insektizide gibt.

Die kapitalistische Ideologie gleicht in vielem der traditionellen darwinischen Biologie; nicht umsonst berief sich der Kapitalismus häufig auf biologistische Argumente, wenn er eine rationale Erklärung für den uneingeschränkten Wettbewerb suchte. Darwin erhob den Wettbewerb zur Hauptkraft der evolutionären Entwicklung und zum Motor in der Beziehung zwischen dem Individuum und der Gruppe sowie der Gruppen untereinander.

Durch die Chaostheorie verschiebt sich diese Perspektive. Man mußte feststellen, daß »Koevolution« und »Kooperation« wahrscheinlich einen weit größeren Anteil an der Gestaltung der Welt haben als Wettbewerb und Konkurrenzverhalten. Wie der Chaosbiologe Brian Goodwin sagt: »Ich leugne die natürliche Auslese nicht. Ich sage nur, daß sich daraus nicht der Ursprung des biologischen Formenreichtums erklären läßt, wie er uns draußen begegnet.«[2] Am Beispiel der Rhesusaffen zeigt sich, was er damit meinte.

Nach der Theorie der natürlichen Auslese stellen Konkurrenz, Hierarchie und Dominanz (Macht) die wichtigsten Strategien einer Spezies dar, um zu überleben und sich fortpflanzen zu können. Rhesusaffen gelten unter Biologen seit langem als Primaten mit einer ausgeprägt hierarchischen Gesellschaftsordnung. Die in Indien heimischen Affen leben in Gruppen von bis zu vierzig Tieren, und sowohl unter den männlichen wie weiblichen Mitgliedern scheint es eine klare Rangfolge zu geben. So kann das Alpha-Weibchen der Horde jede ihrer Geschlechtsgenossinnen von einer Wasserstelle, einem Platz im Schatten oder beim Streit um die Nahrung vertreiben. Solche Dominanzmuster gibt es auf jeder Stufe der Rangfolge. Ausgehend von Darwins Theorie zogen Biologen den naheliegenden Schluß, daß Rangkämpfe die wichtigste soziale Tätigkeit innerhalb der Rhesusaffengruppe darstellen.

Zweck dieses Kampfes, so Darwin, sei es, daß die stärkeren Tiere – diejenigen an der Spitze der Hierarchie – sich öfter paaren und ihre Gene weitergeben können.

Bei Untersuchungen der DNS-Strukturen von Rhesusaffen stellten Wissenschaftler jedoch fest, daß diese Vorstellung nicht den Tatsachen entspricht. Die Rangfolge der weiblichen Affen spielt keine Rolle dabei, ob sie ihre Gene weitergeben, sich mit den Männchen der Gruppe paaren oder ob neue Männchen in die Gruppe aufgenommen werden. In der Rhesusaffengesellschaft entscheiden die Weibchen als Gruppe gemeinsam, welche Männchen »fit« genug sind, um akzeptiert zu werden. Wenn keines der weiblichen Tiere Interesse an einem Männchen zeigt, hat es keine Bedeutung, wie groß es ist oder wie lang seine Zähne sind (mit anderen Worten, wie »dominant« es ist) – die Weibchen schließen sich zusammen und verjagen es.

Bei den Männchen scheint die Rangfolge wenig darüber auszusagen, wie oft und mit wem sie sich paaren. Wichtig für sie ist nur, einige Weibchen davon zu überzeugen (was gewöhnlich durch das Lausen geschieht), daß sie ihn in die Gruppe aufnehmen. Dazu der Biologe Kim Wallace: »Das Schema, wonach Tiere niederen Rangs bemüht sind, in der Hierarchie aufzusteigen, ist wahrscheinlich nicht korrekt. Rangniedere Tiere sind mit ihrer Situation vielleicht vollkommen zufrieden, solange sie die Möglichkeit haben, sich paaren zu können und Nahrung zu bekommen.«[3]

Eine Konstellation, in der die dominanten Tiere das genetische Erbe der Gesellschaft bestimmen, hätte tatsächlich abnorme, ungesunde Folgen. Würden nur Aggressivität und Durchsetzungsvermögen weitervererbt werden, besteht das Risiko, daß sanftere, kooperative Verhaltensmuster verlorengehen, die die Affengruppe zusammenhalten und auf lange Sicht das Überleben der ganzen Gemeinschaft und ihrer Individuen sichern.

Daher ist es nicht unbedingt ein Zeichen von Schwäche, wenn rangniedere Tiere ihren aggressiven Genossen am Wasserloch den Vortritt lassen; es kann durchaus von Stärke zeugen, da auf diesem Weg die soziale Harmonie aufrechterhalten wird. Untersuchungen belegen, daß jene Individuen, die entschlossen sind, am Wasserloch zu »gewinnen«, oftmals höchst nervös und streßanfällig, wenig anpassungsfähig und bei der Fortpflanzung relativ erfolglos sind. Legt man den Paarungserfolg als Maßstab zugrunde, so sind die kooperativen, weniger dominanten Charaktere die leistungsfähigsten Mitglieder der Gesellschaft.

Geprägt von ihrem Verständnis der Theorien Darwins, konzentrierten sich Biologen und Naturfilmer jedoch auf das Dominanzverhalten innerhalb der Arten und die Räuber-Beute-Beziehung zwischen ihnen. So geriet die Natur zum Stereotyp eines Spiels, das nur eine Regel kannte: »Fressen und gefressen werden.« Vergessen wurden dabei die unzähligen Spielarten kollektiver Kreativität, an denen die Arten durch den Zusammenschluß von Rückkoppelungen beteiligt sind.

Die Naturgeschichte kennt zahlreiche Beispiele dessen, was Chaoswissenschaftler als »Koevolution« bezeichnen. Vor einhundert Millionen Jahren begann die Natur mit Pflanzen zu experimentieren, die Blüten ausbildeten und deren Samen in Früchten eingeschlossen waren. Mit ihnen traten Tiere auf, die sich von diesen Früchten ernährten. Die Pflanzensamen wurden durch sie verbreitet, was weitere Experimente möglich machte und zu neuen Pflanzen- und Tierarten führte.

Der Regenwald ist ein feingesponnenes und empfindliches Modell für Koevolution und Kooperation. Alles – von den Pilzen, die auf abgestorbenen Bäumen gedeihen, bis hin zu den farbenprächtigen Vögeln und den Blattschneideameisen – entwickelte sich in gegenseitiger Abhängigkeit und ist auf komplizierte Weise aufeinander angewiesen, um das gemeinsame Überleben zu sichern.

Aus der Sicht der Chaostheorie ist es daher weniger von Belang, wie die verschiedenen Systeme gegeneinander konkurrieren, sondern in welcher Weise sie ineinander verschachtelt und miteinander verflochten sind. Wer darauf beharrt, Konkurrenzverhältnisse seien das zentrale Organisationsprinzip der New Yorker Lebensmittelversorgung, kann daher genausogut die Ansicht vertreten, Äpfel gebe es wegen der Pestizide: Der Konkurrenzgedanke ist eine begrenzte, reduktionistische Vorstellung, die die tiefgreifende Kreativität, die in der Natur am Wirken ist, völlig außer acht läßt.

Der Wettbewerbsgedanke wurde zu einem oft gebrauchten Klischee, mit dem Verhalten kategorisiert wurde, das in Wirklichkeit nichts damit zu tun hat; aber damit wurde die Überzeugung untermauert, daß Leben im wesentlichen aus Wettbewerb bestünde. Konkurrieren die Surfer im Internet miteinander? Einige vielleicht, die meisten bestimmt nicht. Konkurrenz, so scheint ziemlich klar, ist nicht das, was das System antreibt, es zusammenhält und mit Leben erfüllt.

Natürlich kann Konkurrenzverhalten ein wichtiges Element in der Interaktion von Individuen sein. Sportler lieben den Wettbewerb, doch sollte man beachten, daß ihr Wettkampf im Zusammenhang der Kooperation stattfindet. Die Einwilligung einzelner Spieler, im Team zusammenzuwirken, und die Beachtung gemeinsamer Regeln machen Wettkämpfe erst möglich. Sogar Sportfans kooperieren, indem sie Eintrittsgelder zahlen, gemeinsam ihre Mannschaft anfeuern und Gesänge anstimmen. In der Chaostheorie sind Wettbewerb und Kooperation keine Entweder/Oder-Vorstellungen, die sich gegenseitig ausschließen. Sie sind komplex miteinander verwoben.

Komplexe chaotische Systeme wie der Regenwald oder der menschliche Körper entfalten pausenlos ihre kreative Dynamik, in die Konkurrenz und Kooperation eingebunden sind, die aber ständig in ihr Gegenteil umschlagen können. In chaotischen Systemen liegen zwischen den einzelnen Elementen auf den verschiedenen Ebenen Wechselbeziehungen vor. Im menschlichen Körper bestehen diese Ebenen aus den Molekülen, die sich zwischen den Zellen bewegen, den Zellen selbst, dem Gewebe, den Organen und den verzweigten Systemen wie dem Immun- oder dem endrokrinen System der Hormonsekretion in den Drüsen. Statt diese Ebenen unter dem Gesichtspunkt des Wettbewerbs zu betrachten, sollte man sein Augenmerk auf die kontinuierliche Neuanordnung der Elemente und Systeme am Rande des Chaos richten.

Das seltsame chaotische Zusammenspiel

Die Gestalt eines kollektiven chaotischen Systems, das aus interagierenden Rückkoppelungen zwischen den verschiedenen Ebenen besteht, nennt man manchmal »seltsamen Attraktor«. Wenn Wissenschaftler sagen, ein System besitze einen »Attraktor«, dann meinen sie damit, daß sich – stellt man Veränderungen oder das Verhalten eines Systems im mathematischen Raum graphisch dar – aufgrund der Gestalt dieser Graphik sagen läßt, ein System tendiere zu einem bestimmten Verhaltensmuster. Das System wird zu diesem Verhalten »hingezogen«. Mit anderen Worten: Wird das System gestört, wird es von einem üblichen Verhalten weggelenkt, neigt es dazu, relativ schnell wieder zu ihm zurückzukehren.

In einem restriktiven Grenzzykelsystem wiederholt sich das Verhalten mechanisch. Das System durchläuft sein restriktives Ver-

halten, unabhängig davon, was außerhalb vor sich geht. Bei einem seltsamen Attraktor ist das anders. Aus seiner Gestalt läßt sich ablesen, daß das Verhalten weder mechanisch noch berechenbar ist. Da das System gegenüber seiner Umgebung offenbleibt, ist es zu nuancierten Bewegungen fähig.
Beim Herzmuskel stellt die Frequenz der aktivierten Neuronen den Attraktor dar. Der Rhythmus des Herzschlags wird durch diese Frequenz erzeugt. Wissenschaftler, die sich damit beschäftigten, stellten nun etwas »Seltsames« fest. Mechanische Systeme wie Kolben oder Uhrpendel verhalten sich vollkommen regelmäßig. Mathematisch kann ihr Verhalten als gleichmäßiger Kreis

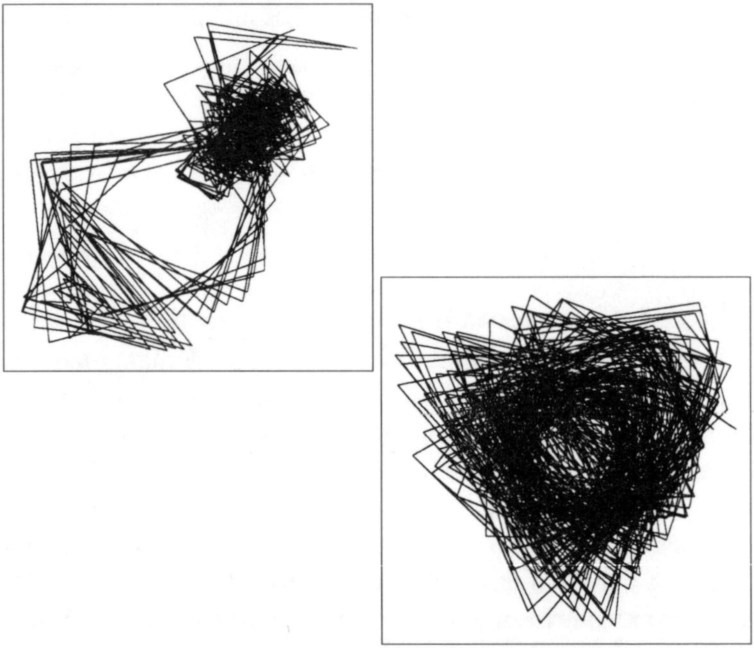

Darstellungen des Herzrhythmus. Die linke Abbildung zeigt den seltsamen Attraktor, der einem normalen Herzschlag zugrunde liegt. Die rechte stellt den Rhythmus eines erkrankten Herzens dar. Die Herzfrequenz ist hier mechanischer und weniger chaotisch. Acht Tage nachdem die zweite Graphik erstellt wurde, starb der Patient an einem Herzinfarkt.
© Dr. Ary Goldberger

oder ein ähnliches Gebilde dargestellt werden. Nicht so beim Herzen. Obwohl man glaubt, der Herzschlag verlaufe relativ mechanisch, schlägt ein gesundes Herz *nicht* ganz regelmäßig. Es treten bei jedem Schlag chaotische Variationen auf, minimale Abweichungen und winzige Fluktuationen. Stellt man das Verhalten des Herzens graphisch dar, sieht man, daß sich die Gestalt des Attraktors um sich selbst herumwickelt, worin seine »seltsame« Eigenschaft zum Ausdruck kommt.[4]

Winzige Fluktuationen im Herzrhythmus sind ein Zeichen für die Gesundheit und Robustheit des Herzens. Die in bestimmten Abständen aktivierten Neuronen, die den Herzmuskel kontrahieren lassen, verhalten sich ganz anders als Zündkerzen, die den Verbrennungszyklus in einem Motor steuern. Sie sind selbstorganisiertes Chaos. Dieses Chaos verleiht dem Herzen einen Verhaltensspielraum (Freiheitsgrade), der ihm erlaubt, seinen Rhythmus wieder zu finden, wenn es durch äußere Gegebenheiten (schneller Sprint, unvermittelter Aufenthalt in kalter Luft) in eine Art Schockzustand gerät. Mediziner stellten fest, daß ein zunehmend mechanischer und regelmäßiger werdender Herzschlag auf gesundheitliche Probleme hindeutet. Damit zeigt das Herz an, daß es ihm an Flexibilität fehlt. Es wird spröde. Schon bei leichten Abweichungen (etwa körperlichen Anstrengungen) kehrt es dann nicht mehr in seinen gewohnten Rhythmus zurück, sondern beginnt wild zu »flimmern«, medizinisch Defibrillation genannt, oder hört ganz auf zu schlagen.

Der Attraktor für das Gehirn ist noch seltsamer und bedarf eines konstant hohen Grads an neuronalem Chaos, damit die plötzliche Selbstorganisation von Gedanken und Wahrnehmungen überhaupt zustande kommen kann. Chaos, so stellt sich heraus, steckt hinter den alltäglichsten Erfahrungen der Realität.

Allgemein gilt deshalb, daß ein gesunder Tier- oder Pflanzenorganismus sowohl einen seltsamen Attraktor *hat* als auch ein seltsamer Attraktor *ist* – er ist ständig in Bewegung, variiert, verändert sich, besitzt positive Rückkoppelungsschleifen, die das System in neue Richtungen stoßen, und negative Rückkoppe-

Diese beiden Fotos wurden zu verschiedenen Zeiten vom gleichen Standort aufgenommen. Sie zeigen die Strömung in einem Flußbett, die, obwohl sie von einem Augenblick zum anderen variiert, die Form eines seltsamen Attraktors behauptet. ©*John Briggs*

lungsschleifen, die verhindern, daß sich Prozesse in willkürlichen Bewegungen verlieren. Innerhalb des seltsamen Attraktors des Gesamtorganismus sind zahlreiche untergeordnete Attraktoren eingebettet (zum Beispiel die des Herzen oder des Gehirns), von denen jeder seinen eigenen Grad an »Regelmäßigkeit« besitzt – von denen jeder mehr oder weniger »seltsam« ist.

Vielfältigkeit und offene chaotische Systeme

Zum Wesen der seltsamen Attraktoren und des kollektiven Chaos gehört die schiere *Vielfalt* dieser Systeme innerhalb anderer Systeme. Ein gesunder ökologischer Lebensraum besitzt eine große Vielzahl miteinander agierender Arten. Wird die Vielfalt reduziert, das System also homogener, wird es zugleich spröde und brüchig und anfällig für einen nichtlinearen Kollaps.

Chaotische Kreativität erklärt, warum Vielfalt so wichtig ist. Kommen verschiedene Individuen zusammen, verfügen sie über ein enormes kreatives Potential. So ließen sich laut der Biologin Lynn Margulis die ersten sauerstoffatmenden Bakterien auf der Suche nach Nahrung in anderen Bakterienzellen nieder. Zwischen den Eindringlingen und den Wirten entstanden Rückkoppelungen, die dazu führten, daß die Wirtszellen nun Sauerstoff atmen konnten, dem Eindringling dafür aber eine schützende Umgebung bereitstellten. Diese Symbiose führte zu den Zellarten, die wir heute in unserem Körper haben.

Wenn sich Individuen – mit ihrer jeweiligen selbstorganisierten Kreativität – zusammenschließen, werden einige Freiheitsgrade aufgegeben, andere dafür hinzugewonnen. Eine neue kollektive Intelligenz entsteht, ein offenes System, das aus dem Verhaltensmuster der getrennt voneinander agierenden Individuen allein nicht vorherzusehen war.

Die dauerhafte Illusion

Oberflächlich betrachtet hat die moderne Gesellschaft, in der sich die menschlichen Individuen organisieren, wenig mit dem hier besprochenen selbstorganisierten Chaos zu tun. Die bürokratischen Organisationen mit ihren hierarchisch strukturierten Ebenen, offiziellen Verlautbarungen, Jahresberichten und so weiter haben kaum Ähnlichkeit mit Wilfried Pelletiers Ojibway-Gemeinschaft, dem Internet oder dem Versorgungssystem der Stadt New York.

Die Strukturen, in denen der einzelne arbeitet und die unsere Gesellschaft bestimmen, entstanden aus völlig anderen Wirklichkeitsvorstellungen. Sie schufen unsere Realität oder, genauer gesagt, die Illusion, die wir für Realität halten – eine Realität, in der Macht verherrlicht wird und der der Glaube zugrunde liegt, sie sei zum Überleben unbedingt notwendig. Eine Realität, in der die Welt sich in Gewinner und Verlierer aufteilt, in der sich jeder den hierarchischen Ordnungen unterwirft und stillschweigend den ideologischen Grundsatz anerkennt, daß jene an der Spitze irgendwie besser seien als die anderen. Eine Realität, in der sich der Mensch in Gruppen und sozialen Organisationen wiederfindet, die sich der Vielfalt widersetzen, in der soziale Strukturen als geschlossene Einheiten fungieren, von denen viele ihre Identität nur aus dem Gegensatz zu anderen Gruppierungen ziehen.

Die Regierungen und Unternehmen, für die man arbeitet, ja sogar die Religionsgemeinschaften und die Freizeitorganisationen, denen man angehört, begehen manchmal in unserem Namen schreckliche Dinge. Wenn das geschieht, schiebt man den Führungskräften oder den anderen in der Gruppe die Schuld zu. Auf seltsame Weise entzieht man sich dem kollektiven Handeln, das durch die eigene Teilnahme angeblich mitgestaltet wurde. So identifiziert man sich einerseits mit der Organisation, andererseits ist sie einem fremd, und man will mit ihr nichts zu tun haben. Durch die Chaos-Perspektive wird deutlich, daß dies auf der tiefsitzenden Vorstellung beruht, Organisationen würden sich vor allem durch Führung, Wettbewerb und Macht behaupten.

Annahmen wie diese sind so sehr in der Gesellschaft verwurzelt, daß sie meist nicht mehr wahrgenommen werden und unsichtbar bleiben. Und wie so oft bei unsichtbaren Glaubenssätzen infiltrieren sie die Wahrnehmung des einzelnen, so daß sie durch die Welt immer wieder bestätigt zu werden scheinen. Einer der Autoren, der von den neuen kontroversen Entdeckungen über die Rhesusaffen berichtete, meinte, daß nicht die Affen, »diejenigen waren, die vornehmlich von der Rangordnung besessen waren, sondern die Wissenschaftler, die die Beobachtungen anstellten«.

Der Preis, der für diesen Blick auf die Wirklichkeit zu zahlen ist, ist hoch. In seinem Buch *In the Absence of the Sacred* zeigt Jerry Mander, welch verheerende Wirkung das Fernsehen mit seinen sich ständig wiederholenden Botschaften, die den Werten und der Logik der Gewinner und Verlierer, der Helden und Anführer, der Besseren und Besten folgen, auf das Leben der indianischen Jugendlichen in den USA hat. Ihre traditionellen Werte wie Kooperation und Anteilnahme werden durch Konkurrenzdenken und Rivalität ersetzt.[5]

Gesellschaftlich wurde damit ein Prozeß der Entmenschlichung eingeleitet – Auffassungen wie diese führten zum Glauben, die Macht des Mechanischen, des Planbaren, der Technologie könne den Menschen retten. Sie führten zur Entstehung weitverbreiteter gesellschaftlicher Passivität und Verzweiflung, zu einer von ethnischen Auseinandersetzungen geprägten Monokultur, zu einer Kultur, die geradezu obsessiv von Stars, Bildern, Äußerlichkeiten und sozialem Prestige fasziniert, die an Terminpläne und Erfolge gekettet ist (»alles erreichen, alles besitzen«) – mit dem Ergebnis, daß der einzelne immer weniger Zeit zu haben scheint, um einfach nur zu sein.

Bereits 1909 warnte der Soziologe Max Weber: »[...] noch fürchterlicher ist der Gedanke, daß die Welt mit nichts als jenem Rädchen, also mit lauter Menschen angefüllt sein soll, die an einem kleinen Pöstchen kleben und nach einem etwas größeren

Pöstchen streben. [...] Es ist, als wenn in der Politik der Scheuerteufel, mit dessen Horizont der Deutsche ohnehin schon am besten auszukommen versteht, ganz allein das Ruder führen dürfte, als ob wir mit Wissen und Willen Menschen werden *sollten*, die ›Ordnung‹ brauchen und nichts als Ordnung, die nervös und feige werden, wenn diese Ordnung einen Augenblick wankt, und hilflos, wenn sie aus ihrer ausschließlichen Angepaßtheit an diese Ordnung herausgerissen werden.«[6]

Wissenschafter errechneten, daß Mitglieder in sogenannten »Jäger- und Sammlergemeingeschaften« oder »Subsistenzgesellschaften« nur etwa achtzehn Stunden in der Woche arbeiten müssen, um ihre Bedürfnisse an Nahrung und Unterkunft zu befriedigen. In der modernen postindustriellen Gesellschaft verbringen viele bis zu sechzig und siebzig Stunden pro Woche in der »Arbeit«, den Rest ihrer Zeit benötigen sie, um sich vom Streß zu erholen. Die meisten bringen wesentlich mehr Zeit für ihren Beruf auf als für ihre Familie oder gar für die kontemplative Betrachtung der Schönheiten und Mysterien des Lebens. Selbst die »primitivsten« Subsistenzgesellschaften scheinen für diese erneuernden Tätigkeiten genügend Zeit zu finden.

Für die meisten dreht sich das Leben um den Beruf. Der Beruf aber gibt ihnen immer weniger, die Unternehmen, in denen sie arbeiten, funktionieren zunehmend nach unpersönlichen, mechanistischen Grundsätzen. David Whyte versucht mehr »Leben« in amerikanische Firmen zu bringen. »Die übermächtigen Hierarchien der Welt, von den Unternehmen bis hin zur staatlichen Ebene, stecken in Schwierigkeiten und fordern, wenngleich noch zurückhaltend, ihre Mitarbeiter zu mehr Kreativität, Einsatzbereitschaft und Innovation auf.« Gleichzeitig aber verhindern gerade die geschlossenen, hierarchischen und linearen Strukturen dieser Organisationen, daß sich diese kreativen Qualitäten innerhalb der Firmen selbst organisieren können.[7]

Viele machen sich mit einer Energie an ihre Arbeit, als wäre sie eine heilige Handlung, die ihnen Leben und ein ganzheitliches Bewußtsein gibt. Aber nur allzuoft fühlen sie sich in ihrer Arbeit entfremdet, ausgelaugt, zerrissen und enttäuscht. Whyte weist darauf hin, daß man sich am Arbeitsplatz keine Schwächen und Selbstzweifel eingestehen oder Fehler begehen darf, ohne dafür zurechtgewiesen zu werden. Mit anderen Worten, jegliche Manifestationen des Chaos wird unterdrückt – genau jene Tätigkeiten also, die notwendig sind, wenn sich Kreativität entfalten soll. Fehlt der lebenswichtige Fluß der Kreativität, der in seinen Mitgliedern zirkuliert, dann, so Whyte, kann »ein hierarchisches System, dessen Macht von oben ausgeht, das unkontrollierte Aufblühen unvorhergesehener Ereignisse, die man tägliches Leben nennt, nicht einplanen«.[8]

Damit ist ein zentraler Punkt angesprochen, der die großen, abstrakten Institutionen und Unternehmen betrifft, die das Leben jedes einzelnen bestimmen. Welche Verpflichtung tragen sie gegenüber ihren Mitarbeitern und der Gesellschaft?

Viele meinen, ihre Verantwortung gehe über ihre Eigeninteressen und, im Falle von Wirtschaftsunternehmen, über ihren Profit hinaus. Angeregt durch die Chaostheorie und die Gaia-Hypothese – die Vorstellung, unser gesamter Planet sei eine Art selbstorganisierte Lebensform – schlugen Natur- und Wirtschaftswissenschaftler sowie Politiker wie Fritjof Capra, Murray Gell-Mann und Al Gore vor, daß Unternehmen sich ihrer Verantwortung zu stellen und für die von ihnen verursachten Belastungen der Umwelt und des sozialen Gefüges aufzukommen haben.

Sie argumentieren, die Gesellschaft müsse für diese Belastungen in Form von Umweltschutzmaßnahmen, Entsorgung giftiger Rückstände oder Arbeitslosengeld und Sozialhilfe früher oder später sowieso aufkommen. Die Abgaben würden die finanzielle Anerkennung der Rückkoppelungsschleifen darstellen, durch welche die Unternehmen mit der Welt verbunden sind und die zu ignorieren ihnen bislang gestattet wurde. Müßten Unternehmen für ihr Eingebundensein in die Welt, in der sie operieren, Verantwortung übernehmen, würden sie dann nicht ihre Produkte anders herstellen und ihre Geschäfte auf andere Weise betreiben? Würden sie, wie Whyte meint, nicht vermehrt darauf achten, ob ihre Produkte wirklich notwendig sind? Und würden die Arbeiter und Angestellten in diesen Unternehmen dann das Gefühl haben, ihre Arbeit diene nur den abstrakten Erfordernissen einer Bürokratie oder der Profitmaximierung, die meist völlig Fremden zugute kommt?

Problematisch ist nur, daß diese »ökologische Revision« eine mechanische Lösung ist und daher ohne Änderung des gesellschaftlichen Bewußtseins sinnlos. Wird sie ohne innere Veränderungen nur von außen auferlegt, führt das dazu, daß Schlupflöcher ausgenützt und Sinn und Zweck des Vorschlags unterminiert werden. Es geht hier jedoch nicht um die Schwierigkeiten der praktischen Umsetzung; für uns ist von Interesse, daß sich darin deutlich der Unterschied zwischen einer von Konkurrenz- und Machtdenken und einer von chaotischen, offenen Systemen und ihrer damit verbundenen Verantwortlichkeit bestimmten Weltsicht zeigt.

Das ist zugleich der Punkt, der es erlaubt, einen Moment innezuhalten, um einen Blick auf das Chaos und die Zersetzung der von der Gesellschaft geschaffenen Illusionen zu werfen. Der Chaostheorie zufolge liegt das Problem nicht an der Realität, in der Unternehmen und ihre Individuen mit Zähnen und Klauen ihre Kämpfe austragen. Das Problem ist vielmehr, daß wir *glauben, wir lebten in dieser Realität.* Und weil wir das glauben, haben wir uns diese Realität übergestülpt. Man sollte sich daher die gegenwärtigen Institutionen genauer betrachten, wenn man herausfinden will, ob sich dort auch anderes zuträgt – Dinge, die uns dazu ermutigen, unsere Denkweise zu verändern.

Große Unternehmen sind nicht nur hierarchisch gegliedert, sie sind auch seltsame Attraktoren; sie sind nicht nur Machtzentren, sondern auch offene, nichtlineare Systeme, die untrennbar mit der Umgebung, aus der sie entstanden sind, verknüpft und ihren Fluktuationen unterworfen sind. Subtile Einflüsse und chaotische Rückkoppelungen sind auch dort kontinuierlich am Werk.

Aus der Sicht des Chaos liegt das wirkliche Problem darin, daß der Mensch seit langem – wahrscheinlich seit Anbeginn der »Zivilisation« – seine natürliche Neigung zu kollektivem Handeln vorwiegend unter dem Vorzeichen des Hierarchie-, Macht- und Konkurrenzstrebens sieht. Somit werden einige wenige Aspekte der gemeinschaftlichen Tätigkeit mit dem Ganzen gleichgesetzt. Das Ergebnis sind bürokratische und ökonomische Organisationsformen, die die Kreativität und Lebendigkeit der Individuen, aus denen sie bestehen, unterdrücken. So erzeugen sie unnötigen Leidensdruck und seelische Gewalt.

Die Komplexitätstheoretikerin Lynda Woodman und der Wirtschaftswissenschaftler Brian Arthur zeigten, daß neu gegründeten Firmen oftmals etwas Chaotisches, Flexibles, Suchendes anhaftet und zwischen den Mitarbeitern ein enges, fast freundschaftliches Verhältnis besteht. Diese chaotische Qualität erlaubt ihnen, sich erfolgreich in einem Markt zu plazieren. Mit der Zeit jedoch fallen sie den Erwartungen zum Opfer, die mit einem »etablierten Wirtschaftsunternehmen« assoziiert werden.

Konkurrenzdenken, Hierarchie- und Machtstreben beginnen die Aktivitäten zu bestimmen. Negative Rückkoppelungsschleifen, die die betrieblichen Abläufe kontrollieren, werden verstärkt, und der seltsame Attraktor der Firma reduziert sich auf einen Grenzzykel. Arthur bezeichnet diesen Vorgang als »Einschließung«. Individuelle Kreativität ordnet sich der Routine und den ritualisierten Vorgängen innerhalb der Firma unter. Viele davon werden von den Mitarbeitern so sehr verinnerlicht, daß sie diese überhaupt nicht mehr wahrnehmen. Die Mitarbeiter kommen und gehen, das System aber bleibt im wesentlichen dasselbe. Der einzelne zählt nicht. Je mächtiger ein Unternehmen auf dem Markt wird, desto weniger offen ist es für Veränderungen. Damit reduzieren sich der Informationsfluß und die Freiheitsgrade, mit denen das Unternehmen arbeitet. Es gleicht einem kranken Herzen, das nicht mehr über genügend internes Chaos verfügt. Viele Unternehmen scheitern an genau diesem Punkt, gehen an neuen Technologien oder an Konkurrenten zugrunde, die höhere chaotische Flexibilität aufweisen.

Die Unternehmensberaterin Margaret Wheatley meint: »Überraschenderweise stellt man fest, daß es den meisten Menschen geradezu ein Bedürfnis ist, ihre Institutionen zu mögen. Sie stehen hinter dem, was ihre Schulen, ihre kommunalen Einrichtungen, ihre Unternehmen bezwecken wollen. Sie haben sich zusammengetan, um eine Welt zu schaffen, die anders ist. Aber dann nehmen wir ihnen diese Leidenschaft und institutionalisieren sie. Und jene Menschen, die für diese Zwecke eintraten, verachten allmählich die Institutionen, die genau dafür geschaffen wurden. Die Leidenschaft verebbt in langwierigen Prozeduren, Regeln und Rollenspielen. Statt frei zu sein, um Neues zu schaffen, legen wir uns Beschränkungen auf, die uns das Leben rauben. Die Organisation lebt nicht mehr. Wir sehen ihre aufgeblähte Form und mißbilligen sie für die Dinge, die sie uns nicht tun läßt.«[9]

Wäre es nicht schön, an einem lebendigen, selbstorganisierten Arbeitsplatz zu arbeiten oder in einer selbstorganisierten Demokratie zu leben, in der die individuelle Kreativität der einzelnen das System unterhält und von ihm wiederum angeregt wird? Oder wie Whyte es ausdrückt: »Wie wäre es, wenn man Organisationen errichtet, deren Komplexität aus den sich gegenseitig befruchtenden Visionen und Vorstellungen ihrer konstituierenden Mitglieder erwächst?«[10] Solche Einrichtungen zu schaffen dürfte angesichts der rund sechs Milliarden Erdbewohner tatsächlich zu einer der größten Herausforderungen der Menschheit werden. Das Schicksal des Planeten könnte von der Fähigkeit des Menschen abhängen, sich in einer Art und Weise zu organisieren, die Kreativität fördert, statt Entfremdung schafft.

Die von Whyte herbeibeschworenen Organisationen würden allerdings von jedem einzelnen fordern, daß er einen Teil der Sicherheit aufgibt, die mit den traditionellen Einrichtungen verbunden ist (eine Sicherheit, die sich in zunehmender Weise sowieso als trügerisch herausstellt). Es würde bedeuten, daß er sich nicht mehr an »Führungspersönlichkeiten« klammert, die ihm das Ungemach der Unsicherheit ersparen. Es würde bedeuten, daß man sich dem Schmerz, dem Ungewissen und Mysteriösen öffnet, die hereinbrechen, wenn man sich unmittelbar mit den ethischen, moralischen und seelischen Dilemmata seiner

jeweiligen Aktivitäten auseinandersetzt; daß man sich ausdrücklich den Spannungen einer Meinungsvielfalt stellt, die unvermeidlich Teil jedes kollektiven Handelns ist, aber regelmäßig in Machtkämpfen ausartet und in unsichere Kompromisse umgewandelt wird. Es würde mit anderen Worten bedeuten, daß man fähig ist, sich ins kreative Chaos zu stürzen.
Hier ist die Geschichte eines Menschen, der das getan hat.

Das Dialogexperiment

Nennen wir ihn Ed Brown. Das ist nicht sein richtiger Name, außerdem wurden einige Details seiner Geschichte geändert, da er darum gebeten hat. Überdies ist sein Name nicht so wichtig, da, wie er sagt, »mir in alldem eines bewußt wurde - daß wir viel zuviel Wert auf das Verdienst legen, das dem einzelnen zugesprochen wird. Es geht um einen kollektiven Prozeß. Das ist es, was zählt, nicht wer für irgendwas ausgezeichnet wird.«
Seine Geschichte beginnt vor einigen Jahren, als er sich einer »Dialoggruppe« anschloß. Weltweit treffen sich verschiedene Gruppen, um das Wesen von Gruppenbeziehungen zu erforschen. Es handelt sich dabei nicht um gruppentherapeutische Sitzungen. Sie versuchen lediglich, Möglichkeiten kollektiver Kreativität auszuloten und ein Verständnis dafür zu entwickeln, wie individuelle und kollektive Vorurteile die jeweilige Interaktion mit anderen bestimmen.
Der Physiker David Bohm, der sich in den letzten Jahren mit der Erforschung von Dialogen beschäftigte, liefert dazu folgende Beschreibung: Dialog sei »kein Austausch und keine Diskussion. Diskussion bedeutet, wie bei einem Tischtennisspiel die Argumente hin und her zu spielen. Das hat durchaus seinen Wert, im Dialog aber versuchen wir tiefer zu gehen ... eine Situation zu schaffen, in der wir unsere Meinungen und Urteile zurückhalten, um dem anderen zuhören zu können.«[11] Diese Zurückhaltung ist oft nicht die bewußte Entscheidung der Gruppenteilnehmer, sondern ergibt sich aus dem Dialog selbst. Da in einem Dialog so

viele unterschiedliche, abweichende Meinungen umherschwirren, geschieht es zwangsläufig, daß die Ansichten und Urteile der einzelnen Teilnehmer in den Hintergrund treten. Ein anderer Dialogteilnehmer, der Maler und Psychiater David Shainberg, bezeichnete ihn in einem Gespräch mit den Autoren als einen »offenen Prozeß der Formerzeugung«.

Einer der zentralen Gedanken lautet dabei, daß Menschen an, wie Bohm sie nannte, »nicht hinterfragbare« Überzeugungen gebunden sind, die selbst belanglosen Meinungsverschiedenheiten und Mißverständnissen zugrunde liegen. Diese Überzeugungen kann man sich nicht bewußtmachen, aber man kann sie durch den Prozeß der kollektiven Kreativität zurückstellen und umwandeln.

Eds Gruppe bestand aus zwanzig Teilnehmern, die sich einmal im Monat trafen. Sie einigten sich darauf, daß niemand die Leitung übernahm, daß es keine Projekte, keine festgelegten Diskussionsthemen gab. Damit war alles ausgeschaltet, was Gruppen sonst auszeichnete; so konnte offen zutage treten, wie sich die einzelnen in der Gruppe zueinander verhielten.

»Von Anfang an zeichnete sich klar ab, daß wir jemanden wollten, der die Leitung übernahm. Es ging uns nicht gut damit, daß wir niemanden hatten. Außerdem suchten wir ständig nach einer Art Struktur, konnten uns aber auf keine einigen. Es war sehr frustrierend. Ich denke, so geht es vielen in Gruppen. Immer will man Gehör finden, will, daß die Gruppe die Dinge ebenso sieht wie man selbst, und hat doch das Gefühl, daß dies nicht geschieht.«

Da die Gruppe ihre Sitzungen auf Band aufnahm, fand Ed heraus, daß sich unterhalb des frustrierenden Chaos eine Ordnung abzuzeichnen begann. »Auch wenn ich das Gefühl hatte, daß ich die Meinung der anderen nicht ändern konnte, mußte ich feststellen, daß ich das doch tat und daß auch ich in meiner Meinung beeinflußt wurde. Es war sehr subtil. Folgte man den Gesprächen, dann schien alles sehr chaotisch zu sein, aber es war doch auch zu sehen, wie die Leute die Worte und Gedanken der anderen aufnahmen und sie irgendwie verinnerlichten. Es war ziemlich klar, daß wir uns alle gegenseitig beeinflußten.

Manchmal stritt man sich mit jemandem, nach einer Weile stellte man dann aber fest, daß man eigentlich nicht verstanden hatte, was der andere meinte. Man reagierte einfach auf bestimmte Worte. Ging man allerdings darüber hinaus, stellte man fest, daß sie eigentlich sehr Interessantes zu sagen hatten. Und ich selbst bemerkte, daß ich nicht wirklich verstand, was ich meinte, bis die anderen aus dem, was ich gesagt hatte, Dinge herausholten, die ich gar nicht gesehen hatte.
Obwohl wir über hundert verschiedene Dinge sprachen, schien es, als würden gegen Ende der Sitzung die meisten in der Gruppe etwas für sich gewonnen haben. Als hätten wir etwas entdeckt oder geschaffen, das uns alle miteinander verband, aber es war für jeden von uns anders. Es war sehr sonderbar.«
Eines der in den Diskussionen häufig aufgeworfenen Themen war die Frage, ob es für das, was im Dialog geschah, praktische Anwendungen gebe. Ed beschloß, sich in der Kommunalarbeit seiner Vorortgemeinde zu engagieren und das Dialogexperiment in einer »realen, praktischen« Umgebung fortzuführen.
Er trat freiwillig einem Komitee bei, das sich mit der Renovierung der städtischen Bibliothek befaßte, und wurde zum Vorsitzenden gewählt. Von der ersten Sitzung an war ihm bewußt, daß auf die Gruppe Schwierigkeiten zukommen würden. Es gab zwei Fraktionen, die jeweils eine völlig andere Lösung der Renovierungsfrage anstrebten. Einige der Komiteemitglieder waren miteinander verwandt und wegen alter Konflikte nicht gut aufeinander zu sprechen, es gab alteingesessene Einwohner und einige, die erst neu dazugezogen waren. Das Komitee stellte somit einen repräsentativen Querschnitt durch die diversen Feindseligkeiten in der Stadt dar.
»Jede der beiden Fraktionen wollte mich auf ihre Seite ziehen. Aber eines hatte ich von der Dialoggruppe gelernt: Ich brauchte mich auf diese Polarität nicht einzulassen. Ich ging das Risiko ein, daß beide Seiten auf mich sauer waren, hielt es aber für richtig, ihnen beiden zuzuhören und jeder Seite behilflich zu sein, ihre Position zu vertreten. Dann versuchte ich, jeder Seite die Position

der jeweilig anderen, so gut es ging, verständlich zu machen. Das war mehr, als nur neutral zu sein. In unseren Sitzungen gab es eine Menge Spannungen – Eigeninteressen und Machtspiele. Die Tatsache, daß jemand nicht parteiisch war, sondern sich wirklich dafür interessierte, was die Leute zu sagen hatten, verwirrte die Mitglieder zunächst, befreite sie aber auch. Nach einiger Zeit lösten sie sich von ihren Positionen, und es wurden Ideen weiterentwickelt, so daß es nicht mehr nur zwei Lösungen gab, sondern eine ganze Reihe von Varianten. Bald darauf bewegten sich auch die störrischsten Mitglieder auf etwas Neues zu.

Aber dann fuhren wir uns wieder fest, und die alten Strukturen stellten sich wieder ein. Es war frustrierend. Es sah alles ziemlich hoffnungslos aus, bis eines Abends einer der eher neutraleren Mitglieder eine Lösung vorschlug, die ein wenig von dem abwich, was wir bislang diskutiert hatten. Zur Überraschung aller (man konnte buchstäblich sehen, daß wir überrascht waren; uns gingen die Augen über) fanden *alle* daran Gefallen. Im Rückblick läßt sich sagen, daß wir diese Idee von Anfang an hätten sehen können, es aber nicht taten. Wir hatten sie vorher nicht sehen können. Vielleicht konnten wir sie erst entdecken, nachdem wir diesen Weg zurückgelegt hatten. Plötzlich waren wir uns einig, und wir hatten eine großartige Lösung für die Stadt gefunden.«

Die Lösung war kein Kompromiß. »Kompromisse sind schlimmer als Niederlagen. Denn jeder fühlt sich durch sie ein wenig betrogen oder glaubt, er habe sich dem Machtspiel, dem vermeintlichen Sieger unterworfen. Das hier aber war viel aufregender und interessanter und für alle befriedigender, als es ein Kompromiß jemals hätte sein können.«

Eds authentisches Interesse an den Vorschlägen der beiden Seiten und seine Skepsis, daß eine der beiden Seiten die richtige Lösung besitze, lieferte die subtile Energie, die dazu beitrug, daß seine Kollegen ihre Polarität und ihre nicht hinterfragbaren Überzeugungen so lange zurückstellten, bis etwas Neues entstehen konnte.

Eds Geschichte hat Ähnlichkeiten mit Wilfried Pelletiers Bericht über die Gemeinschaft, die das Dach reparierte.[12] Bei den Irokesen benötigte die traditionelle Häuptlingsversammlung bei jeder Entscheidung die uneingeschränkte Zustimmung aller Mitglieder. Die Irokesen hielten nicht viel von Mehrheitsverhältnissen. Die Versammlung tagte so lange, bis eine Lösung gefunden war, der jeder zustimmen konnte. Die Diskussionen waren oft überaus lebhaft und hitzig. Manchmal dauerten die Sitzungen Tage und Wochen. In manchen Fällen wurden keine Entscheidungen getroffen, weil keine einstimmige Einigung erzielt werden konnte. Wurde aber eine Entscheidung gefällt, dann »gehörte« sie allen, und alle fühlten sich ihr verpflichtet. Es war ihre eigene, individuelle *und* eine kollektive Entscheidung.

In unserer komplexen, von Problemen überschatteten Massengesellschaft ist ein radikal neues Verständnis für ein gemeinschaftliches Handeln nötig. Klar scheint lediglich, daß die Probleme unserer Welt weder von Einzelpersonen noch vom System gelöst werden können. Lösungsansätze, die in diese alte Richtung gehen, werden zweifellos nur weitere Komplikationen nach sich ziehen.

So stellt sich die Frage: Was wäre, wenn man bei der Suche nach gesellschaftlichen Lösungen bewußt auf das kreative Chaos vertraut?

4. LEKTION

Die Erkundung des Zwischenraums

Das Einfache und das Komplexe

Ist das Leben einfach oder komplex? Die Chaostheorie sagt, es kann beides sein – es kann sogar beides zugleich sein. Chaos offenbart, daß vieles, was unglaublich kompliziert wirkt, oft auf eine einfache Ursache zurückgeht, während manches, das oberflächlich einfach erscheint, eine erstaunliche Komplexität in sich birgt.

Der Physiker Herbert Fröhlich, ein Studienkollege von Werner Heisenberg, des Begründers der Quantenmechanik, wußte von diesen Prozessen. Nach der Theorie gefragt, an der er gerade arbeitete, meinte er, sie könne nicht stimmen, die Natur funktioniere so nicht. Das Ganze sei zu kompliziert. Einige Wochen später, nachdem er einen anderen Ansatz ausprobiert hatte, bemerkte er, daß es falsch sein müsse. Das Ganze sei zu einfach. Die Natur funktioniere so nicht.

Jeder kennt Momente, in denen die Komplexität des Lebens für Verwirrung sorgt. Gefangen im Netz alternativer Möglichkeiten, wird es zunehmend schwieriger, einfache Entscheidungen zu treffen. Der Ausweg, den die Chaostheorie andeutet, beinhaltet, daß man sich auf den dynamischen, chaotischen Tanz zwischen dem Einfachen und Komplexen einläßt.

Die paradoxe Wissenschaft

Das sehr Einfache und das sehr Komplexe sind Spiegelungen ihrer selbst. Darin gleichen sie dem römischen Gott Janus, der auf Darstellungen in zwei Richtungen gleichzeitig blickt und so zwei voneinander nicht zu trennende Gesichter besitzt.
Diese Einsicht in das paradoxe Wesen des Einfachen und Komplizierten findet sich in der Kunst und in alten Weisheitslehren. In Dantes »Paradies« aus der *Göttlichen Komödie* reist der Dichter durch den Himmel, der mit unendlicher Vielfalt und Komplexität gefüllt ist, dennoch ist dies alles in »einer einzigen Flamme« enthalten.
Will man beschreiben, wie das Einfache und Komplexe ineinander verschlungen sind, greift man am besten auf Paradoxa zurück, Aussagen, die einfach scheinen, den Verstand jedoch in komplexe Schwingungen versetzen. Nikolaus von Kues, der Philosoph und Mathematiker aus dem 15. Jahrhundert, beschrieb Gott mit Hilfe eines Paradoxons – als *Coincidentia oppositorum*, als Zusammentreffen der Gegensätze. Die Quantentheorie bezieht sich bei der Frage, woraus Energie und Materie resultieren, auf den »quantenmechanischen Grundzustand«, der sowohl totale Leere – absolutes Vakuum – als auch eine Fülle unendlicher Energie umfaßt. Paradoxa stehen im Mittelpunkt fernöstlicher Philosophien und ihrer Versuche, hinter den begrenzenden Vorstellungen von Wirklichkeit die Wahrheit zu sehen. In einer bekannten Textstelle des Tao-Gelehrten Chuang-tzu träumt der Meister, er sei ein Schmetterling, und fragt sich dann, ob er in Wirklichkeit nicht ein Schmetterling sei, dem träumt, er sei ein Mensch.
Fraktale – die Geometrie unregelmäßiger Formen und chaotischer Systeme – sind eine Möglichkeit, sich mit dem Paradoxon des Einfachen und Komplexen in der Natur zu befassen. Bäume, Flüsse, Wolken und Küstenlinien können durch fraktale Geometrie beschrieben werden. Die endlosen Details der Mandelbrot-Menge sind ein typisches Beispiel für ein »mathematisches« Fraktal. Es überrascht vielleicht, daß diese unerschöpflich komplexe

Eine Schicht der Mandelbrot-Menge. Die vorhergehenden Schichten zu diesem Bild finden sich im nächsten Kapitel. ©*Silvio Tavernese*

Form durch eine sehr einfache mathematische Gleichung erzeugt wird, die in einem Computer zahlreiche Iterationen durchläuft. Fraktale wachsen durch einen computergenerierten Recycling-Prozeß, bei dem das Ergebnis des einen Zyklus (der einen Berechnung) zum Ausgangspunkt für den nächsten wird. Die Komplexität des Fraktals ist eine oberflächliche Illusion, seine Details mögen ins Unendliche gehen, ihr Generierungsprozeß ist jedoch sehr einfach. Das trifft auch auf viele Formen und Vorgänge in der Natur zu. So ist die Komplexität eines Termitenbaus das Resultat der ständigen Wiederholung einer einfachen Tätigkeit. Klare, regelmäßige Strukturen können hingegen das Ergebnis von unglaublich komplexen, sogar chaotischen Prozessen sein. Die zufälligen Fluktuationen in einem Topf erhitzten Wassers lassen das regelmäßige Muster hexagonaler Wirbel entstehen.
Die Elektronen in einem gewöhnlichen Metall verhalten sich bei Raumtemperatur wie ein chaotisches Teilchengas – freie Partikel,

die willkürlich miteinander kollidieren. Führt man diesem »Gas« aber genügend zusätzliche Energie zu, kommt es wie bei einer angezupften Gitarrensaite zu regelmäßigen Schwingungen, was Wissenschaftler als »Plasmaoszillation« bezeichnen. Aber anders als das erhitzte Wasser im Topf ist Plasma kein Gas, das plötzlich durch Selbstorganisation einen Zustand gleichförmiger Oszillation gewonnen hat. Regelmäßige und chaotische Bewegungen sind nämlich gleichzeitig vorhanden. Betrachtet man die einzelnen Elektronen, scheinen sie nach wie vor zufällig gegeneinanderzustoßen. Betrachtet man das Ganze, sieht man, daß der willkürlichen Bewegung ein regelmäßiges Schwingungsmuster übergelagert ist. Die physikalischen Abläufe im Plasma machen also deutlich, daß die unendliche Komplexität des Chaos und die einfache Ordnung untrennbar miteinander verbunden sind. Ohne die Ordnung des Plasma wäre es den Elektronen nicht möglich, sich frei zu bewegen, und ohne die chaotischen Bewegungen der einzelnen Elektronen käme die kollektive Bewegung des »Elektronengases« nicht zustande.

David Bohm, der Wissenschaftler, der die Plasmatheorie entwickelte, sah in ihr ein Bild, wie durch die Komplexität, die Millionen freier und einzigartiger Individuen eigen ist, eine kohärente Gesellschaft zustande kommen kann. Wie Plasmaschwingungen stellt die menschliche Gesellschaft eine relativ einfache und stabile Form dar, die aus gemeinsamen Werten, Träumen, Wünschen und dem Beitrag ihrer Mitglieder entstand. Und ähnlich ist jeder einzelne trotz seiner Willensfreiheit auch ein Produkt der Gesellschaft, in der er lebt.

Eine funktionierende Gesellschaft lebt von der Energie und Kreativität ihrer Mitglieder, liefert ihnen aber zugleich Werte, Moralvorstellungen und einen gemeinsamen Sinnhorizont. Die von Václav Havel beschriebene kommunistische Gesellschaft war zu weit in Richtung Vereinfachung fortgerückt. Individuelle Kreativität wurde erstickt, die Komplexität der menschlichen Freiheit auf ein Minimum reduziert. Das andere Extrem stellte Margaret Thatchers Großbritannien mit ihrer Betonung der freien Marktwirtschaft dar. Individuelle Freiheit und Kreativität wurden großgeschrieben, die gemeinsame gesellschaftliche Verantwortung, die Regierung und Unternehmen zu tragen haben, wurde jedoch nicht genügend beachtet. Im Licht der Chaostheorie erscheint Thatchers berühmter Ausspruch, »die Gesellschaft existiert nicht«, mehr als ironisch. Eine funktionierende Gesellschaft muß ihr Augenmerk sowohl auf das Individuum als auch auf das Kollektiv richten, auf das Komplexe und das Einfache.

Intermittenz: Der Sturm in der Flaute

Wirken Interaktion, Iteration und Rückkoppelung zusammen, werden Einfaches und Komplexes laufend ineinander transformiert. Besonders verblüffend geschieht dies in den Fällen, die Wissenschaftler als Intermittenz bezeichnen.

Nichts scheint regelmäßiger zu sein als die Dauer des 24-Stunden-Tags auf der Erde. In den ersten Jahrzehnten des 20. Jahrhunderts legten Astronomen durch die Beobachtung der Perioden der Erdrotation, bezogen auf den Meridiandurchgang von Fixsternen, ein unveränderliches Zeitmaß (die sogenannte Sternzeit) fest. Mit der Einwicklung äußerst präziser Atomuhren erkannte man jedoch, daß die Eigenrotation der Erde gelegentlichen Schwankungen unterworfen ist. Die »Erdzeit« ist nicht völlig regelmäßig, sondern enthält intermittierende Chaoseinbrüche.

Das gleiche geschieht manchmal mit elektronischen Geräten. Verstärker erzeugen gelegentlich ein kurzes statisches Knistern. Dies wird nicht von äußeren Einwirkungen verursacht, sondern rührt aus nichtlinearen Vorgängen innerhalb der Schaltkreise her, die kurzzeitige Chaosperioden erzeugen. Plötzliche Phasen willkürlichen Verhaltens treten auch in Systemen wie supraleitenden Schaltungen, den Aktienmärkten, Computernetzwerken als auch Nervenbahnen auf.

Intermittenz bedeutet nicht nur das Auftreten von Chaos innerhalb stabiler Ordnungen, sondern auch das Auftauchen von Ordnungsfeldern inmitten des Chaos. Dies geschieht manchmal, wenn sich Tierpopulationen in einem begrenzten Lebensraum zu vermehren beginnen. Als in Australien Kaninchen ausgesetzt wurden, verbreiteten sie sich schnell über den gesamten Kontinent. Hat ein Elternpaar zwei Nachkommen, liegt die Geburtenrate bei 1,0, und die Population bleibt stabil. Im Fall der Kaninchen war die Rate jedoch wesentlich höher, so daß die Population exponentiell anwuchs.

Die Umwelt allerdings ist begrenzt. Es gibt nur ein bestimmtes Nahrungsangebot und eine begrenzte Anzahl natürlicher Feinde; Faktoren, die zur Vermehrung oder zur Verminderung einer Population beitragen. 1845 schrieb P. F. Verhulst in Vorwegnahme der modernen Chaostheorie die einfachste mögliche Gleichung nieder, die diesen beiden gegensätzlichen Faktoren Rechnung trägt. Es handelt sich um eine nichtlineare Gleichung, in der die diesjährige Population anhand der Größe der letztjährigen ermittelt wird; die sich daraus ergebende Zahl dient dann als Ausgangspunkt für die Berechnung der Population des nächsten Jahrs. Man sieht, auch hier kommt die Rückkoppelung zum Tragen.

Mit Hilfe moderner Computer wandten Chaoswissenschaftler Verhulsts Gleichung auf Populationen mit unterschiedlichen Geburtenraten an. Bei einer Rate von 1,5 (drei Nachkommen auf ein Elternpaar) wächst die Population bis zu einem bestimmten Wert, der dann über Jahre hinweg stabil bleibt. Bei einer Geburtenrate von 2,5 schnellt die Population zunächst nach oben, schwankt dann ein wenig und pendelt sich schließlich auf den gleichen Wert ein wie bei der Rate von 1,5 – die Faktoren, die für das Wachstum oder die Abnahme der Population verantwortlich sind, haben ihr Gleichgewicht gefunden. Bei einer noch höheren Geburtenrate halten die Schwankungen einige Jahre lang an, bis auch sie dann auf den Gleichgewichtszustand abfallen. Bei dem kritischen Wert von 3,0 aber geschieht etwas Seltsames: Die Population schwankt nicht mehr und nähert sich auch nicht mehr dem Gleichgewichtswert an; sie besitzt nun zwei mögliche Gleichgewichtszustände.

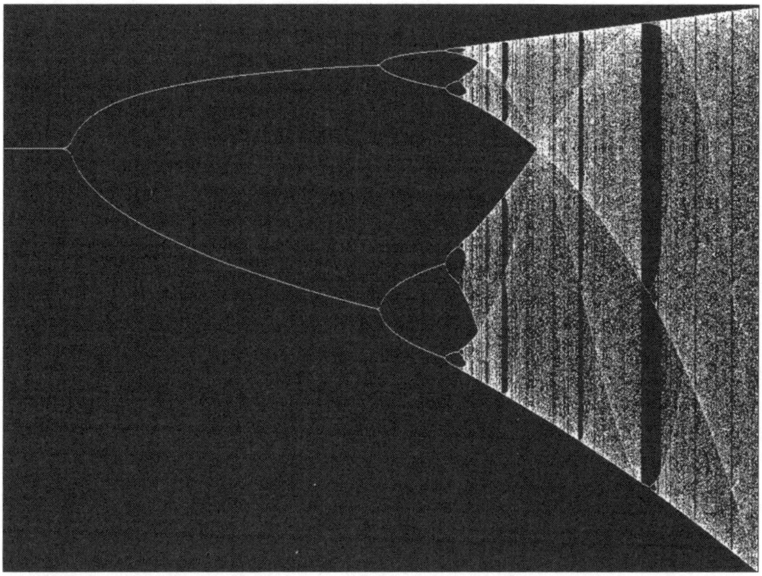

In dieser Computergraphik nimmt die Geburtenrate nach rechts hin zu. An der Stelle, an der sich die Linie in zwei Linien aufspaltet, beträgt die Rate 3,0. Wo der Bereich mit den weißen Wellen anfängt, liegt sie bei 3,7.

Bei einer noch höheren Geburtenrate durchläuft die Population einen Vier-Jahres-Zyklus: im ersten Jahr ist sie hoch, im zweiten niedrig, steigt dann wieder an, allerdings nicht mehr so stark wie im ersten Jahr, es folgt ein Zwischentief, bis sie im vierten Jahr wieder den anfänglichen Höchstwert erreicht. Bei einer nochmaligen Erhöhung der Geburtenrate wird das System zunehmend komplexer.[1] Bei einer Geburtenrate von etwa 3,7 besitzt das System keinen Gleichgewichtszustand mehr und ist von einem Jahr zum nächsten unvorhersehbaren Schwankungen unterworfen. Es handelt sich hier also um die Umkehrung dessen, was im Topf mit erhitztem Wasser geschieht. Statt Ordnung, die aus Chaos entsteht, wird hier aus einer regelmäßigen Ordnung Chaotisches geschaffen. Und dennoch finden sich auch innerhalb dieses Chaos Einschlüsse einfacher Ordnungen. In der Graphik auf

Seite 103 sind deutlich die Intermittenz-Felder zu erkennen: Die schwarzen Bänder bezeichnen Ordnungsstrukturen (Zeitabschnitte mit relativ stabiler Population), die vollständig von den weißen Wellen des Chaos umgeben sind.

Betrachtet man die Staub- und Gesteinsverteilung in den Saturnringen oder die Verteilung der Asteroiden im Gürtel zwischen Mars und Jupiter, erkennt man auch dort leere Abschnitte, in denen jegliche Materie fehlt. Auch sie sind Beispiele für Intermittenz. Der Grund dafür sind die jeweiligen Anziehungskräfte der Sonne und der Planeten, wodurch in gewissen Regionen oder Umlaufbahnen chaotische Kräfte einwirken. Materieteile, die sich in diese Bereiche verirren, sind instabilem Verhalten ausgesetzt und werden schließlich weggeschleudert.

Intermittenz wirft die interessante Frage auf: Entsteht Chaos, weil die regelmäßige Ordnung kurzzeitig zusammenbricht? Oder ist Ordnung nur der »Zusammenbruch« des Chaos, das der Realität zugrunde liegt? Kommt es zu Aufständen, weil die Ordnung der Gesellschaft versagt? Oder manifestiert sich im Intermittenzzustand der stabilen Gesellschaft nur eine zugrunde liegende chaotische Komplexität? In vielen Gesellschaften wird Intermittenz eine ausdrückliche Rolle zugewiesen. Man kennt sie unter dem Namen Karneval oder Fiesta, die den Ausbruch kreativen Chaos markieren, eine Zeit, in der man sich verkleidet, ißt, trinkt, tanzt, flirtet, Freudenfeuer errichtet und innerhalb der ansonsten geordneten sozialen Normen die Regeln bricht. Damit wird sichergestellt, daß die gesellschaftliche Ordnung für den Rest des Jahres gewährleistet ist. Solche Gesellschaften sind sich noch der einfachen, aber komplexen Wahrheit bewußt, daß dem Chaos des Karnevals die Erneuerung wichtiger Rückkoppelungsschleifen zufällt, welche die Gesellschaft zusammenhalten.

Intermittenz ist wie ein kurzes Gewitter an einem heißen Sommertag – ein vom Donner begleiteter Regenschauer, der so schnell endet, wie er begann. Aber jeder Blitz hat zur Folge, daß der Stickstoff in der Luft in wasserlöslichen Dünger umgewandelt wird, der mit dem Regen herunterkommt. Das Gewitter bringt für

Oben: Organischer Abfall am Ufer des Amazonas in Kolumbien, Südamerika.
Unten: Ein umgestürzter, verwitternder Baum in der Wind River Range, Wyoming, USA.
Beide Bilder dokumentieren die subtile Ordnung und die konstante, unvorhersehbare Veränderung, die unaufhörlich auf Landschaften einwirken, in denen alles mit allem anderen verwoben ist. ©*John Briggs*

© NASA

Zum Chaos gehören Verzweigungen, Auffaltungen, Verschiebungen, da jedes Teil eines »Systems« mit seinen zahllosen anderen Teilen interagiert. Die Mündung des Betsiboka auf Madagaskar auf dieser Aufnahme des Space Shuttle *(oben)* erinnert an einen Tintenfisch oder ein Wurzelsystem. Tintenfische, Wurzeln und diese Flußmündung entstehen in chaotischen Umgebungen, in ihrer Form spiegelt sich diese Entstehung wider. *Unten:* Mt. Hood in Oregon wurde durch das Aneinanderreiben der tektonischen Platten aufgefaltet. Seine Gestalt wurde durch das Wetter, durch die Bäume und andere Organismen in seiner Umgebung geformt und geschaffen. Chaotische Formen, Fraktale genannt, zeichnen sich dadurch aus, daß sich ihre Gestalt in »Teilen« der Gestalt, auf anderer Ebene, wiederholt. So gleichen die zerklüfteten Einzelgrate des Mt. Hood der zerklüfteten Form des gesamten Bergs. Würde eine Kamera für eine Nahaufnahme auf einen einzelnen Flußarm des Betsiboka zoomen, wären darauf wieder Flußarme zu sehen, die wiederum von Flußarmen gespeist werden – und so fort bis hin zum kleinen Rinnsal, das sich über den Abhang eines Feldes zieht.

© Lawrence Hudetz

©Joe Cantrell

Links: Ein noch junger Pow-wow-Tänzer. Sich wiederholende, leicht verändernde Muster finden sich häufig in der Kleidung von Naturvölkern. Hier verbindet sich die natürliche, nicht vorhersehbare Vielfalt der einzelnen Federn zu einem symmetrischen Ganzen. Zu sehen ist, wie sich das Gesamtmuster der Kleidung in seinen einzelnen Teilen wiederholt – wodurch es zum Fraktal wird. Muster in der Natur sind ähnlich aufgebaut. Schneeflocken sind Fraktale, bei denen sich die hexagonale Symmetrie des Kristalls mit dem Chaos verbindet, welches das Wachstum der jeweiligen »Radialarme« bestimmt.
Unten: Ein mathematisches Fraktal, erzeugt durch eine Gleichung, dem das jeweilige Ergebnis laufend von neuem eingespeist wurde. So entstand eine symmetrische und dennoch chaotische Gestalt, die an den Kopfschmuck des Jungen erinnert.

Fraktales Bild, mit freundlicher Genehmigung von Art Matrix-Lightlinks, Ithaca, New York

©*Lawrence Hudetz*

Links: Die fraktale Entfaltung der Zeit ließ die zerklüfteten Spitzen des Canyons entstehen, in den sich der Yellowstone River eingegraben hat. Das selbstähnliche Muster des Canyons dokumentiert den Fluß der Zeit; Jahrtausende, in denen das Wetter die Landschaft erodieren ließ. *Unten:* Die Ritzen und Ecken der Zeit werden ebenfalls anhand der kaskadengleich herabfallenden Blumen in der mittelalterlichen Fensternische eines italienischen Dorfs sichtbar. Die Flecken an der Wand, Resultat ständiger Ausbesserungsarbeiten durch Handwerker und Hausbesitzer, sind Geschichte im kleinen und künden vom alltäglichen Leben der Dorfgemeinschaft. Die fließenden, fraktalen Formen der Blumen spiegeln die turbulenten Muster der Wand wider. Der Architekt Christopher Alexander meinte, menschliche Orte wie diese besäßen eine zeit- und namenlose Qualität.

©*John Briggs*

©NASA

Von den antiken Astrologen stammt der Satz »wie oben, so auch unten«; damit verliehen sie ihrer Vorstellung Ausdruck, daß die Bewegung der Sterne das Leben auf der Erde spiegelt. Wissenschaftler entdeckten, daß die dynamischen Kräfte, die auf kosmischer Ebene für die Bildung der Staub- und kochenden Gaswolken im Lagunen-Nebel verantwortlich sind, auf der Erde in sehr viel kleinerem Maßstab die erodierten Strukturen des Colorado-Plateaus in Utah geschaffen haben *(unten).*

©John Briggs

©Joe Cantrell

Wenn sich Menschen in großen Gruppen versammeln, organisieren sie sich zu fraktalen Strukturen – den Strukturen des Chaos. Diese bunte Menge bei einem religiösen Fest in Manila gleicht der zufälligen, selbstorganisierten Ordnung eines Blumenfeldes. Eine andere Art fraktaler oder chaotischer Struktur durchzieht unsere Logik. Unten ist ein Ausschnitt aus der Ebene komplexer Zahlen zu sehen. Die sogenannte Mandelbrot-Menge zeigt ungewöhnliche, unvorhersehbare Verhaltensweisen. Werden die Zahlen am Rand dieser Menge auf einem Computer-Monitor graphisch dargestellt, zeigen sich Muster, die sich endlos variierend wiederholen. Auch diese Muster erinnern an Blumen.

Fraktales Bild, mit freundlicher Genehmigung von Art Matrix-Lightlinks, Ithaca, New York

Mit freundlicher Genehmigung von Catherine Shainberg

Abstrakte Malerei mag auf den ersten Blick schlampig und unordentlich aussehen. Nach der Chaostheorie aber läßt sich sagen, daß viele abstrakte Maler fundamentale Einsichten in die Struktur der Realität besitzen. Gewöhnlich reduzieren wir Realität auf unsere Vorstellungen von Bäumen, Steinen, Tieren und anderen »Objekten« und etikettieren unsere Gefühlszustände mit Worten wie Angst, Freude oder Gelassenheit.
Oben: Der Maler David Shainberg sieht die Welt als Farbenwirbel, der mit menschlichen Gefühlen verschlungen ist. Shainberg verlieh diesem Gemälde, nicht ohne Ironie, den Titel *A Place of Quiet* (»Ort der Ruhe«).
Unten: Anklänge daran finden sich in diesem Foto des amerikanischen Ureinwohners Joe Cantrell, das Flechten auf Steinen zeigt. Cantrell glaubt, daß die Chaostheorie die westliche Wissenschaft dem Naturverständnis der Ureinwohner nähergebracht hat – Natur, gesehen nicht als Ansammlung von Objekten oder als Maschine, sondern als eine turbulente dynamische Ordnung, die von unserer Wahrnehmung nicht zu trennen ist.

© Joe Cantrell

©John Briggs

Der Landschaftskünstler Nachume Miller versucht nicht, »realistische« Landschaften darzustellen, sondern hofft, die dem Chaos der Natur innewohnende Dynamik einzufangen – eine Art intensive Energie, die sich in einem herabstürzenden Wasserfall darstellt oder in der herbstlichen Farbenpracht Neuenglands. Ein Ausschnitt aus einem seiner Bilder ist wie ein einzelner Baum der Herbstlandschaft. Jeder Ausschnitt, sagt Miller, gleiche »in hohem Maße der Gesamtheit des Bildes« – jeder Teil ist ein selbstähnlicher Mikrokosmos des dynamischen Ganzen. Miller gehört zu einer Gruppe »fraktalistischer« Künstler, die auf Chaostheorien zurückgreifen, wenn sie wiedergeben wollen, wie sich aus dem fließenden Ganzen Formen – und letztendlich auch der Mensch – selbstorganisieren.

Ölskizze von Nachume Miller

kurze Augenblicke einige Unbequemlichkeiten mit sich, aber es erneuert die Erde. Auch das Chaos kann ungeladen in das Leben jedes einzelnen einbrechen und zu Erneuerung und Veränderungen führen.

Intermittenz ist der unerwünschte Gast auf der Party; ein irrationaler Akt - ein Traum, der einen verfolgt, das Zusammentreffen unglücklicher Umstände –, der die gewohnte Ordnung des Lebens herausfordert, da er von jedem einzelnen verlangt, den Nuancen und subtilen Mustern mehr Aufmerksamkeit zu schenken. Eine plötzliche Krankheit oder Probleme mit den Kindern können eine Familie zusammenschweißen. Zuviel Streß läßt Menschen erkranken; Wissenschaftler fanden jedoch heraus, daß ein wenig Chaos im Leben für das wirksame Funktionieren des Immunsystems unerläßlich ist.

Komplexität und Zufall als Tor zur Ordnung

Intermittenz ist das dunkle Geheimnis des Universums, das bereits vor über zweitausend Jahren entdeckt wurde. Der griechische Philosoph Pythagoras glaubte, die Zahlen wären Gaben der Götter, und heute noch verweisen Mathematiker gerne auf den Aphrorismus, wonach in der Mathematik die Zahlen Gott gehören, alles übrige aber den Menschen.

Zahlen, so stellt man sich vor, liegen auf einer von den ganzen Zahlen 1, 2, 3 ... markierten Linie. Zwischen diesen Markierungen befinden sich die rationalen Zahlen - Zahlen, die aus dem Verhältnis ganzer Zahlen bestehen. So finden sich zwischen 1 und 2 die rationalen Zahlen 1/2, 3/4, 7/8, 31/32 usw. Zwischen zwei ganze Zahlen passen immer eine unendliche Anzahl rationaler Zahlen, und zwischen zwei rationale Zahlen, ungeachtet, wie eng sie beieinander liegen, passen immer unendlich viele andere rationale Zahlen. Die Pythagoräer glaubten, sie wüßten alles über Zahlen; es gab keine Zwischenräume, keine Löcher, in die man noch etwas hätte stopfen können.

Dann entdeckte Pythagoras seinen berühmten Lehrsatz über das Quadrat der Hypotenuse eines rechtwinkligen Dreiecks. Damit berechnete er dessen längste Seite, wobei die beiden anderen Seiten genau eine Maßeinheit lang waren. Zu seinem Schrecken mußte er feststellen, daß das Ergebnis, die Quadratwurzel von zwei, eine Zahl war, die es bislang in der Mathematik nicht gegeben hatte. Es war eine irrationale Zahl, die nicht als Verhältnis zweier anderer Zahlen dargestellt werden konnte. Wollte man eine irrationale Zahl aufschreiben, käme man an kein Ende. Rationale Zahlen sind, gleichgültig wie kompliziert sie scheinen, immer endlich oder (wie bei 1/3) wiederholen sich in regelmäßiger Abfolge (0,3333...). Eine irrationale Zahl hingegen ist unendlich und besitzt kein inneres Ordnungsmuster, das auf die nächstfolgende Zahl verweisen würde. Auf der bislang vollkommen mit Zahlen ausgefüllten Linie schaffen sich die irrationalen Zahlen ihre eigenen Zwischenräume.

Das Ergebnis war so skandalös, daß es für einige Zeit von den Pythagoräern zurückgehalten wurde. Mittlerweile stellte sich heraus, daß die in der Natur bedeutsamen Zahlen wie die Zahl π, die den Durchmesser zum Umfang eines Kreises in Beziehung setzt, irrational ist. Irrationale Zahlen sind eine Form von Intermittenz auf der geordneten Zahlenlinie, Ausbrüche unendlicher Komplexität und vollkommener Willkür innerhalb eines geordneten Systems. Irrationalität steht daher im Zentrum sowohl der Logik als auch des Kosmos.

Durch Irrationalität offenbart sich aber auch eine sehr seltsame Eigenschaft des Komplexen. Setzt man ein einfaches System voraus, dem man erlaubt, daß es immer komplexer wird, so daß seine innere Ordnung stetig anwächst, wird man am Ende, wenn die Komplexität ins Unendliche geht, ein System erhalten, das völlig willkürlich und zufällig erscheint – also das genaue Gegenteil der Ordnung. Wie kommt das zustande? Füttert man einen Computer mit einer bestimmten Rechenregel, wird er eine rationale Zahl von bestimmter Länge generieren. Je komplizierter die Rechenregel, desto länger wird die Zahl. Dennoch ist es immer möglich, in ihr eine interne Ordnung zu entdecken. Gibt man sie einem zweiten Computer, wird er herausfinden, durch welche Regel die Zahl erzeugt wurde.

Was aber geschieht, wenn die Regel so komplex wird, daß man für ihre Darstellung mehrere Seiten benötigt? Was geschieht, wenn man unendlich viele Seiten benötigt, um die Regel niederzuschreiben? Die Zahl ist nun unendlich lang und besitzt keine internen Strukturen oder Wiederholungen mehr, so daß der zweite Computer jahrelang rechnen kann, ohne jemals eine verborgene Ordnung oder ein numerisches Muster entdecken zu können. Eine Zahl aber, der jegliche innere Ordnung fehlt, ist nach der Definition willkürlich. Eine durch unendliche Komplexität generierte Zahl ist damit, praktisch gesehen, identisch mit einer völlig willkürlichen Zahl. An dieser paradoxen Grenze fallen Zufall und Willkür mit unendlicher Komplexität zusammen. Treibt man die Komplexität zu weit, entsteht daraus reine Willkür. Komprimiert man das Einfache, entspringt ihm Komplexität. In der Mathematik offenbart sich die eine Seite des Paradoxons, in der Psychologie die andere. Das Leben mag zum momentanen Zeitpunkt chaotisch und zufällig erscheinen, dennoch spürt man, daß ihm eine Ordnung zugrunde liegen muß. Menschen, die kreativen Tätigkeiten nachgehen, nützen den Zufall – verspritzte Farbe, aufgeschnappte Gesprächsfetzen, den Anblick eines Straßenschildes – als Keim und Weg zu einer neuen Form der Ordnung. Zufällige Ereignisse können auf eine tiefere Ordnung im individuellen Leben verweisen. Der Schweizer Psychologe Carl G. Jung bezeichnete solche scheinbar unzusammenhängenden, aber doch höchst bedeutsamen Ereignisse als »Synchronizitäten« und schlug vor, daß man bereit sein sollte, diese verdeckten Muster zu lesen.

Synchronizitäten treten auf, wenn wichtige Entscheidungen anstehen oder die Situation so verzweifelt erscheint, daß man bereit ist, alles aufs Spiel zu setzen. Synchronizitäten treten wahrscheinlich ständig auf, nur ist man in Extremsituationen offen genug und bereit, sich auf den Zufall und die verborgenen

Aspekte des Lebens einzulassen, die sich darin offenbaren. Reine Willkür ist das gleiche wie unendliche Information. Manchmal aber wird die klare, einfache Botschaft von der unendlichen Komplexität des Chaos verschlungen.

Der Mensch zwischen dem Einfachen und Komplexen

Die Chaostheorie sagt, wenn das Leben am kompliziertesten erscheint, findet sich die einfache Ordnung lediglich um die nächste Ecke. Und wenn eine Situation einfach anmutet, sollte man sich nach verborgenen Nuancen umsehen. Aber wenn sich das Komplexe als das Einfache und umgekehrt herausstellt, heißt das dann nicht, daß es keine objektive Beurteilung von Komplexität gibt? Sind das Komplexe und das Einfache rein subjektive Vorstellungen?

Die Chaostheorie antwortet darauf, daß Komplexität und Einfachheit nicht innewohnende Eigenschaften der Objekte sind, sondern sich aus deren Interaktion ergeben – oder aus der Interaktion des Menschen mit ihnen.

Der britische Maler Patrick Heron schreibt: »Eine eigentlich ›objektive‹ Erscheinung der Dinge gibt es nicht – höchstens als Datenmenge, die in ihrer Komplexität und Differenziertheit unendlich ist. Was nachweisbar auf die Retina eintrifft, ist ein amorphes Chaos visueller Stimuli, in welches das menschliche Auge aufgrund seiner Erfahrung eine aus bestimmten Gründen bevorzugte Ordnung injiziert.«[2]

Statt zu sagen, das Auge »injiziere« eine bevorzugte Ordnung, sollte man lieber bemerken, daß Auge und Gehirn durch ihre stetigen Bewegungen mit den Abläufen und Veränderungen der Welt interagieren und aus ihr mittels eines Abstraktionsprozesses bedeutsame Merkmale »herausziehen«. Diese Merkmale stellen die von uns wahrgenommene Ordnung dar. Unsere potentiellen Interaktionen mit der Welt sind so unglaublich komplex, daß das

Gehirn sich eine Vielzahl von abstrahierenden und vereinfachenden Strategien zurechtgelegt hat. Diese Strategien verändern sich natürlich im Lauf der Zeit. Heutzutage werden zunehmend digitale Strategien verwendet. In vielen Fällen wird ein Subjekt, das nicht digitalisiert werden kann, nicht als Subjekt betrachtet. Pädagogen warnen davor, sich zu sehr auf Computer zu verlassen und dabei die vielen Dimensionen der Realität, die nicht computerisiert werden können, zu vergessen; die digitale Realität mag kompliziert erscheinen, in Wirklichkeit aber ist sie nur eine Vereinfachung der realen Welt.

In ihrem Bestreben, die Natur zu verstehen, entwickelten die Wissenschaften eine Reihe von Strategien, mit deren Hilfe sie die Realität in handliche Stücke zerlegen und objektivieren konnten. Die Welt wurde in Kategorien eingeteilt. Wissenschaftliche Abstraktion und Vereinfachung – mit der Mathematik als Filter – ermöglichten erst, daß sich die abendländischen Naturwissenschaften herausbilden konnten, und führten zu den Theorien von Newton, Darwin, zur Relativitätstheorie, Quantenmechanik und auch zur Chaostheorie. Daß sich die Wissenschaften auf die Mathematik als Abstraktionswerkzeug verließen, bedeutete aber auch, daß sie nur das behandeln konnten, was numerisch quantifizier- und meßbar ist. Die Naturwissenschaften werden daher auf Kosten subjektiver Werte und der Qualität der Natur betrieben. Sie neigen folglich zur Fragmentierung und Vereinfachung. In dieser Hinsicht schlug der Biologe, Arzt und »biologische Beobachter« Lewis Thomas nicht ohne Ironie vor, Wissenschaftler sollten ihre Energien darauf verwenden, nur einen einzigen Organismus vollständig verstehen zu lernen – einen in den Gedärmen einer australischen Termitenart lebenden Protozoon zum Beispiel. Wenn sich alle Labors und Supercomputer der Erde ausschließlich auf diesen einen einfachen Organismus konzentrieren würden, so Thomas, würde der Mensch sehr schnell feststellen, daß er niemals genug darüber wissen wird. Was abstrahiert einfach erscheint und bequem in einer Kategorien-Schublade eingeordnet werden kann, gewinnt endlose Komplexität, je eingehen-

Die Natur schafft Formen, indem sie – wie bei diesem Farn – Einfaches und Komplexes kunstvoll miteinander verwebt. ©*Lawrence Hudetz (1989)*

der man sich damit beschäftigt. Da nach der Chaostheorie letztendlich alles mit allem verbunden ist, würde man den gesamten Kosmos verstehen müssen, wollte man ein vollständiges Wissen über dieses »Urtierchen« erwerben.

Was auf Protozoen zutrifft, gilt auch für den Menschen. Um sich selbst zu kennen, müßte man das gesamte Universum verstehen. Unterdessen verwenden populäre Psychologieratgeber und die Selbsthilfe-Literatur doch recht simple Ansätze. Allgemein basieren sie auf der Annahme, es gebe ein unabhängiges »Selbst«, das identifiziert, analysiert, umprogrammiert und verbessert werden könne. Aber was geschieht, wenn man nach diesem Selbst fahndet? Je mehr man es zu lokalisieren versucht, um so mehr begegnet man den komplexen, nichtlinearen Wechselbeziehungen zu dem, was »außerhalb« des Selbst ist. Buddha fragt, ob unser Ich in unseren Empfindungen existiert, in der Gestalt des Körpers und des Gehirns oder irgendwo in der Kette der Ursachen und Wirkungen, Aktionen und Reaktionen. Je mehr man nach diesem Ich, dem einfachen, wesentlichen Selbst sucht, um so mehr entzieht es sich als unabhängige Einheit und wird zu einem Spiegel, der die Welt reflektiert.

Was auf das Selbst zutrifft, gilt gleichermaßen für andere Menschen und die verführerische Leichtigkeit, mit der Stereotypen und Vorurteile auf ethnische, nationale oder sexuelle Gruppen oder Minderheiten projiziert werden. Stereotype sind Karikaturen, die Verhaltensweisen oder Wesenszüge übertrieben darstellen, welche für andere Gruppen als charakteristisch gelten; das Individuelle, die feinen Unterschiede gehen verloren. Schülerinnen werden in ihrem Wunsch, höhere Mathematik zu studieren, nicht unterstützt, da »Frauen mathematisch sowieso unbegabt« seien. Oder Patienten wagen nicht, ihrem Arzt Fragen zu stellen, da »Ärzte glauben, man vertraue ihnen nicht, wenn man sie was fragt«.

Der Ökologe Barry Lopez weist in seinem Buch über die Arktis darauf hin, unter welchem Druck Biologen stehen, bei ihren Forschungen Statistiken und Computermodelle – wissenschaftliche Stereotype – zu erstellen. Industrieunternehmen, die in die fragile Umwelt eingreifen, sorgen sich zwar um die Auswirkungen auf die Tierwelt, fordern die Biologen aber auch dazu auf, vereinfachte Beschreibungen zu liefern. »Wir haben Tiere lange Zeit als eine Art Maschine betrachtet und die Landschaften, in denen sie sich bewegen, als Hintergründe, als Gemälde. In den letzten Jahren hat sich diese antiquierte Betrachtungsweise zu ändern begonnen. Tiere werden als geheimnisvoll begriffen … [sie] sind veränderliche, nicht festgelegte Ganzheiten, deren Verhalten nur bis zu einem gewissen Maß berechenbar ist.« Und er kommt zu dem Schluß: »Die Umwelt des Tieres, der Hintergrund, vor dem wir es sehen, kann wie das Tier selbst als etwas dargestellt werden, das teilweise nicht in Tabellen und Diagramme zu fassen ist. Und der Versuch, ein Tier getrennt von seinem Hintergrund verstehen zu wollen, bedeutet, wenn es nicht nur eine Übung der Phantasie ist, den Zusammenbruch beider zu riskieren.«[3]

Die Fähigkeit des Menschen, zu vereinfachen und zu abstrahieren, erlaubt ihm, im Zusammentreffen mit anderen und der Umwelt ein gewisses Maß an Voraussicht zu gewinnen. Sie kann sich aber auch als gefährlich und zerstörerisch erweisen.

In Kriegszeiten kommen Projektion und Stereotypisierung in vollem Umfang zur Geltung. Der erste Schritt besteht meist darin, dem Gegner jede Menschlichkeit abzusprechen; man betont seine Brutalität und stellt die eigene tugendhafte und gerechte Sache heraus. Dadurch werden in der Armee die Kameradschaft gefestigt und die Greuel des Krieges entschuldigt. Soldaten, die im Dienst dieser Stereotype dem Tod ins Auge sehen, können sie jedoch überwinden, wenn sie das menschliche Antlitz ihres individuellen Gegners entdecken.

In »The Man I Killed«, einer Geschichte von Tim O'Brian über den Vietnamkrieg, starrt der Erzähler auf einen Vietcong, den er auf einem Dschungelpfad getötet hat. Während seine Kameraden den Toten zudecken, sinniert er über die schrecklichen Wunden des Toten und versucht sich Einzelheiten aus dessen Leben vorzustellen. Durch diesen Fluß der Einbildungskraft verschmilzt er schließlich mit seinem Feind, gleichzeitig muß er erkennen, daß nun die unüberwindliche Barriere von Leben und Tod zwischen ihnen steht.

In einer Gesellschaft, die so offensichtlich von »Informationen«, von Daten und Komplexitäten aller Art überschwemmt wird, wird der einzelne von Vereinfachungen gefangengenommen. Wir leben in einer vom Fernsehen bestimmten Welt, in der die wirklichen Komplexitäten des Lebens – menschliche Interaktionen, soziale und ökologische Probleme – in einfache Ton- und Bildhappen verpackt werden, die wiederum nur einfache Gefühle auslösen: das Bild frisch sprudelnden Wassers, das mit einem bestimmten Mineralwasser assoziiert wird, Trauergäste bei der Beerdigung einer bekannten Persönlichkeit – oft nimmt man überhaupt nicht mehr wahr, daß Gefühle so stereotyp sein können wie Gedanken. In Wirklichkeit sind sie nur zwei Seiten desselben Prozesses.

Demagogen arbeiten gewöhnlich mit Vereinfachungen, wenn sie Loyalität oder Furcht erzeugen oder ihre Machtposition stärken wollen. Was den Einfluß von Stereotypen betrifft, unterliegt allerdings jeder der Selbsttäuschung. Manche glauben wirklich, sie hätten keine ethnischen Vorurteile, und erzählen Witze, die auf ethnischen Stereotypen basieren. Solche Witze rufen ein falsches Gemeinschaftsgefühl wach, ein *Wir*, das einem *Sie* gegenübergestellt wird. Die wahren Unterschiede zwischen dem, der den Witz erzählt, und seinem Publikum werden dadurch verwischt und die Unterschiede zwischen ihnen und den durch den Witz karikierten »anderen« betont. Die Literaturnobelpreisträgerin Toni Morrison meint, die starken Vorurteile der Neueinwanderer in den USA gegenüber den Schwarzen erfüllen eine ähnliche Funktion. Sie glaubt, das gesellschaftliche Umfeld ermutigt die Immigranten, sich des negativen Stereotyps des »anderen« zu bedienen, das in Amerika traditionell den Schwarzen zufiel. Dadurch, daß sie ihm zustimmen, beweisen sie, daß sie zur Kultur der Mehrheit gehören.

Unterschiede, differenzierte Bilder und Meinungen, die eine Form der Komplexität sind, wecken Gefühle der Unsicherheit. Daraus erwächst die Neigung, sie zu vereinfachen. Das geschieht, indem man ihnen entweder ehrfürchtig gegenübertritt und sich Stars oder Helden schafft oder indem man sie zum negativen Stereotyp stigmatisiert. Vor Vereinfachungen sollte man sich jedoch ebenso hüten wie andernfalls vor Komplexität und Differenziertheit. Wer simplifiziert, ist im buchstäblichen Sinn auch derjenige, der simplifiziert wird.

Es wäre hilfreich, wenn man mehr auf seine Neigung zur Stereotypenbildung achten würde. Hin und wieder kommt es vor, daß sich jemand abfällig gegenüber einer Gruppe äußert und dann feststellt, daß sein Zuhörer genau dieser Gruppe angehört. »Natürlich meine ich damit nicht Sie!« Was vielleicht sogar stimmt – der Sprecher meint nicht diesen bestimmten Zuhörer, den er vielleicht so gut kennt, daß er für ihn nicht mehr in das Stereotyp fällt. Das Problem ist nur: Der gewohnheitsmäßige Gebrauch von Stereotypen – als seien sie etwas Reales – trägt zu einer Atmosphäre bei, in der das Denken und Handeln von Stereotypen und Vereinfachungen in einem gefährlichen Maß dominiert und verzerrt werden.

Die Überwindung von Projektionen, Stereotypen und Dualitäten

Es fällt nicht schwer, sich von den eigenen Abstraktionen verführen zu lassen. Man ist schnell damit bei der Hand, die Welt in Kategorien zu sehen und die Nuancen auszublenden – das Lächeln, die kleinen Gesten der Freundlichkeit und den Reichtum der kleinen Dinge, wodurch erst die Einzigartigkeit jeder Begegnung, jedes neuen Tags zum Leben erwacht.

Das Gegenteil trifft allerdings auch zu. Man kann sich von der Fülle der Einzelheiten und der Komplexität überwältigen lassen, so daß man nicht mehr in der Lage ist, die Bedeutung einer Situation, einer Sache zu abstrahieren. Wie bereits erwähnt sind Komplexität und Einfachheit nicht inhärente Eigenschaften der Dinge, sondern ergeben sich vielmehr aus der Interaktion zwischen ihnen. In beiden Fällen sollte man sich aber fragen, ob die scheinbare Komplexität oder Einfachheit Teil des Problems ist, dem man gegenübersteht, oder etwas, das man erst hineinprojiziert. Bereits die Tatsache, daß man sich diese Frage stellt, kann die Kreativität auf unerwartete Weise anregen.

Als Archimedes gefragt wurde, ob die angebliche Goldkrone mit Silber versetzt sei, war er mit einem überaus komplexen Thema konfrontiert. Die Krone war leicht zu wiegen, wollte er aber herausfinden, ob sie die Dichte von Gold besaß, hätte er ihr Volumen berechnen müssen. Aber wie sollte die geometrische Gestalt eines Objekts bestimmt werden, das so ungeheuer komplex war? Dann erkannte er – angeblich beim Bad –, daß die Lösung sehr einfach war. Er mußte die Krone lediglich in einen mit Wasser gefüllten Behälter tauchen und das verdrängte Volumen messen – das exakt dem Volumen der Krone entsprach. Eine plötzliche Wahrnehmungsveränderung reduzierte das Komplexe auf etwas Einfaches. In diesem Zusammenhang ist es wichtig, zwischen Komplexität und Konfusion zu unterscheiden. Komplexität weist auf etwas Wesentliches in der Interaktion mit der Welt hin. Konfusion ist etwas ganz anderes. Sie ist das Warnsystem, das mitteilt, daß man nicht in der Lage ist, Einfaches im Komplexen oder umgekehrt die Nuancen im Einfachen zu erkennen.

Eine beständige Ursache für Verwirrung ist das menschliche Bestreben, die Welt in Dualitäten zu sehen. Daß Dinge entweder einfach oder komplex seien, ist ein Beispiel dafür. Die Chaostheorie weist über das Einfache und Komplexe – Objektivität versus Subjektivität, Ordnung versus Unordnung, Stabilität versus Überempfindlichkeit, Macht versus subtiler Einfluß, Kontrolle versus Ungewißheit – hinaus. Sie transzendiert diese und andere Dualitäten, die dem Denken zugrunde liegen und Stereotypen und Projektionen mit Energie versorgen. Die Chaostheorie zeigt, daß es eine Illusion ist, das Selbst von dem anderen zu trennen, und daß es ebenso illusorisch ist, sich ein falsches, inauthentisches Verschmelzen des Selbst mit dem anderen zu verbildlichen. Duale Sehgewohnheiten sind sehr alt. Von Anbeginn der überlieferten Geschichte versuchte der Mensch, die Welt bipolar zu sehen, um, so die Hoffnung, ein grundlegendes Fundament für sein Wissen und seinen Glauben zu schaffen. Manche Philosophen hielten das Universum für ein Plenum, andere für ein Vakuum; für manche war die Wirklichkeit ein ewiger Strom endloser Wandlungen, für andere bestand sie aus unzerstörbaren, unteilbaren Atomen. Man sagt, man müsse sich zwischen Willensfreiheit und Determinismus, Geist oder Körper, fortlaufendem

Schöpfungsprozeß oder einmaligem *Big Bang*, zwischen Ordnung und Chaos entscheiden.

Was aber, wenn einer der Pole bereits den anderen in sich enthält und daher die duale Trennung unterläuft? Wie viele Menschen, die sich fanatisch für das Gute aussprachen, schufen letztendlich nur Unglück? Die gesamte Geschichte des menschlichen Sündenfalls in der Genesis beruht auf einer dualen Grundstruktur, daß Erkenntnis nur aus der Unterscheidung zwischen Gutem und Schlechtem zu gewinnen sei; seither hat der Mensch damit zu kämpfen. Die Fixierung auf Dualitäten aber führt dazu, daß das, was wirklich vor sich geht, verschleiert wird. Sind gesellschaftliche Mißstände und Ungerechtigkeiten nun das Resultat eines einzelnen oder mehrerer konspirativer Übeltäter, wie es die duale Sicht weismachen möchte? Oder rühren diese Mißstände nicht auch manchmal von den Handlungen gewöhnlicher Bürger her, die die Stereotypen, Slogans und andere Vereinfachungen der Gesellschaft akzeptieren und sich zugleich darüber beklagen, sie könnten nicht anders, da »alles viel zu kompliziert« sei?

Man will den Spannungen der Ungewißheit und der Zweideutigkeiten entfliehen, aber je mehr man die Realität an einem der dualen Pole festzumachen versucht, um so mehr rutscht sie ins Gegenteil ab. Was also ist zu tun?

Wie kann man sich vom Anspruch dualer Sichtweisen befreien? Das Chaos legt nahe, daß Ironie, Metaphern und Humor zur Überwindung der Dualität beitragen und zu einer neuen klaren Sichtweise führen können. Kunst, Musik, Theater, Rituale des Heiligen und alte Weisheitslehren bedienen sich dieser zwei- oder mehrdeutigen Mittel, um der dualen Falle zu entgehen. Sufis, die islamischen Mystiker, verwenden häufig subtile Formen des Humors, um den Erkenntnisprozeß voranzutreiben: »Ein Mensch fragte einmal ein Kamel, ob es lieber bergauf oder bergab ginge. Das Kamel antwortete: ›Mir ist nicht das bergauf und bergab wichtig – es ist die Last!‹«[4]

Eine andere Möglichkeit, Dualitäten zu überwinden, liegt vielleicht in den »Dialogen«, die Ed in seinem Komitee angewandt hatte. Die unterschiedlichen Meinungen in einer Gruppe können den Raum zwischen zwei Polen öffnen, so daß ein kreativer Fluß wieder möglich wird.

Die Chaostheorie, die zugleich das Einfache und das Komplexe, Ordnung und Chaos, den Einzelnen und die Vielen, das Selbst und das Andere erkennt, kommt den traditionellen Weisheitslehren, wie sie in der Sufi-Geschichte angedeutet werden, am nächsten. Das Chaos lädt dazu ein, neue Strategien für das Leben zu finden; den Balanceakt zu vollbringen, der zwischen allzu vereinfachten Wahlmöglichkeiten, welche Nuancierungen außer acht lassen, und allzu komplexen Handlungen und klaren Entscheidungen besteht.

Der Mensch ist wie geschaffen, um in diesem Spannungsfeld zu leben, denn er kann sich allem und nichts anpassen. Andere Tiere haben sich in ihrer evolutionären Nische eingerichtet. Das Besondere am Menschen aber ist, daß es nichts Besonderes gibt – er lebt in den Zwischenräumen und kann unter den unterschiedlichsten Umweltbedingungen gedeihen. Er ist nicht der König des Dschungels, sondern der Adept des Chaos.

Unser Gehirn hat gelernt, innerhalb komplexer und ständig sich verändernder Situationen Muster zu erkennen, gleichzeitig aber kann es innerhalb dieser Muster feinste Nuancen wahrnehmen. Die erste Tat eines Neugeborenen ist eine der komplexesten und kreativsten Handlungen, die Menschen vollbringen; das Kind lernt, in einem kontinuierlichen Strom von Erscheinungen das Gesicht seiner Mutter zu erkennen. Aus einer Vielzahl von Strukturen entdeckt es das wesentliche Muster, und gleichzeitig nimmt es in der fortlaufenden Änderung des Gesichtsausdrucks winzigste Nuancen wahr, in denen sich die Gefühle der Mutter äußern. Unser Überleben als Neugeborene und Erwachsene hängt von der Abstraktionsfähigkeit des Gehirns ab. Diese große Gabe aber richtet sich gegen den Menschen, wenn er sich, statt auf Unterschiede zu achten, festfährt und vereinfachte Lösungen projiziert. Die Geschichte kennt zahlreiche Beispiele für solche Vorurteile und regelrechten Dummheiten – wenn einfache Ideen, die in einem bestimmten Kontext wunderbar funktionieren, auf Bereiche übertragen werden, in denen sie nicht passen. Nur eines von vielen: Mechanisierte und großflächige landwirtschaftliche Anbaumethoden, die in den industrialisierten Nationen relativ effizient zu verwirklichen sind, können nicht in die Dritte Welt exportiert werden, ohne dort enorme soziale Spannungen zu erzeugen.

Das Gehirn besitzt die unschöne Angewohnheit, am einmal geschaffenen Rahmen, den es den Dingen verpaßt, festzuhalten, so daß nach einiger Zeit der Rahmen zur Wirklichkeit wird.

Trotzdem gibt es keinen Grund, an diesen fehlerhaften Projektionen, Stereotypen und gewohnheitsmäßigen Vorurteilen zu verzweifeln. Die Chaostheorie sagt auch, daß dem Menschen die Fähigkeit eigen ist, sie zu überwinden. An jeder Wendung, bei jeder Erscheinung äußert sich die Begabung des Menschen, in einer Wahrheit jenseits der Dualitäten zu leben. Die menschliche Sprache beispielsweise ist auf wunderbare Weise dem weiten Spektrum angepaßt, das sich vom Einfachen bis zum unbegrenzt Komplexen spannt. In ihr kann man, wie in einem Kochrezept, eindeutige Anweisungen erteilen, und man kann Gedichte schreiben, die von Mehrdeutigkeiten, Metaphern und Paradoxa durchdrungen sind. Bedient man sich der paradoxen Beziehung, die zwischen dem Einfachen und dem Komplexen besteht, dieser »Kunst«, dann kann man zu einer Wahrheit und Erkenntnis vorstoßen, die jenseits der Abstraktionen liegt.

5. LEKTION

Die Kunst der Welt

Fraktale und Verstand

Wer einmal auf dem Rücken liegend die großen Kumuluswolken betrachtete, die sich auftürmen und über den Himmel ziehen, wer einmal an einer Küste stand, versunken im Anblick des heranbrandenden Ozeans und der gegen das Land schlagenden Wellen, wer jemals in den Anblick der Berge vertieft war, der versteht.

Die endlos variierenden, sich ständig wiederholenden Muster der Natur strahlen etwas zutiefst Belebendes und Faszinierendes aus. Vielleicht ist man erstaunt, wenn man vor einem von der Erosion ausgewaschenen und zerfurchten Abhang steht oder, im größeren Maßstab, das zerklüftete Labyrinth des Grand Canyon betrachtet. Oder man verliert sich im feinen Zweiggespinst eines Baumes, erfreut sich an einem stürmischen Tag an den zerrenden Windböen, den züngelnden Flammen eines Feuers, dem Gewebe von Flechten und Moosen an einem Felsen oder den am nächtlichen Himmel prangenden Sternen. Die allseits bekannten und doch immer neuen Strukturen der Natur inspirieren, verleihen ein Gefühl der Zufriedenheit und ängstigen manchmal. Dichter, Mystiker und Reisende suchen in ihnen Trost, verspüren in ihnen ein Gefühl der Kontinuität und glauben darin das göttliche Mysterium zu erfahren. Die Strukturen der Natur sind Strukturen des Chaos.

Wissenschaftler nennen die chaotischen Muster, die wir sehen, spüren und in unseren Venen und Nervenbahnen finden können, »Fraktale«. Das Wort stammt vom Mathematiker Benoit Mandelbrot; in der Chaostheorie werden damit die durch chaotische dynamische Systeme erzeugten Spuren, Muster und Formen be-

zeichnet. Zu den in der Natur vorkommenden Fraktalen gehören die durch Erdbeben oder starken Frost erzeugten Risse in Gesteinen, das dendritische Geäder von Flußsystemen oder die einzigartige Gestalt einer Schneeflocke.
Mathematiker versuchten, solche natürlichen Fraktale durch nichtlineare (auf Rückkoppelung basierende) Rechenregeln zu imitieren. Mathematische Fraktale sind in ihrem Detailreichtum zwar unendlich, allerdings fehlt ihnen die feine Nuanciertheit (Differenziertheit) ihrer natürlichen Verwandten. Wissenschaftler können sich dadurch aber die Bewegungen des Chaos vor Augen führen, aus denen die natürlichen Fraktale hervorgehen.

Natürliche Fraktale – an der Küste

Das klassische Beispiel für ein natürliches Fraktal stellt eine Küstenlinie dar. Mandelbrot führte den Begriff des Fraktalen ein, als er in einem Aufsatz eine elegant-einfache und hinterhältig-komplexe Frage stellte: Wie lang ist die Küste Großbritanniens? Seine Antwort lieferte einige wunderbare, seltsame Einblicke in die Landschaft des Chaos.
Man stelle sich Britannien von einem Satelliten aus betrachtet vor – Britannien auf einer Weltkarte. Dann nimmt man einen Faden, legt ihn um die gezackte Küstenlinie und hält ihn gegen den Entfernungsmaßstab auf der Karte. Wie lang ist dann die Küste? Die Antwort scheint einfach zu sein. Aber dann wiederhole man diesen Vorgang auf einer detaillierten Länderkarte. Auf dieser Karte sind mehr Buchten und Krümmungen zu sehen. Legt man den Faden gegen den Maßstab dieser Karte, wird man feststellen, daß die Küste länger geworden ist. Und auf einer sehr genauen Seekarte wird sie noch länger werden. Und dann begebe man sich, ausgestattet mit einer Schnur und einem Metermaß, zu Fuß an die Küste und messe jede Windung, jede Biegung. Und prinzipiell kann man sogar noch weiter gehen und sich auf die molekulare oder gar atomare Ebene begeben. Diesem Gedanken

folgend, kam Mandelbrot zu dem überraschenden Schluß, daß die Küste Britanniens unendlich lang sein müsse. Anzufügen wäre noch, daß die Küste nicht nur unendlich lang ist, sondern sich aufgrund fortwährender Erosion auch ständig verändert. Und die zweite, naheliegende Schlußfolgerung Mandelbrots lautet, daß jede Küstenlinie, vom kleinsten öden Eiland bis hin zum amerikanischen Kontinent, dieselbe Länge hat – nämlich unendlich lang.

Eine Küstenlinie entsteht durch die chaotische Aktion von Wellen und anderen geologischen Kräften. Sie wirken auf jeder Ebene und lassen Formen entstehen, die auf der niedrigeren Ebene die Muster wiederholen, die denen auf der höheren gleichen. Mit anderen Worten, Chaos generiert Formen und läßt Spuren zurück, welche von Chaoswissenschaftlern als »mehrstufige Selbstähnlichkeit« bezeichnet werden.

Die Gestalt eines Baumes – entstanden durch die miteinander verknüpfte chaotische Dynamik, an der das genetische Programm des Samens, der Einfluß der Umwelt, verfügbares Sonnenlicht, Klima, Krankheiten, Bodengegebenheiten, die Nähe anderer Bäume etc. beteiligt sind – spiegelt sich auf mehreren Ebenen wider. Der Stamm teilt sich in Äste, die Äste in kleinere Zweige, an denen wiederum Blätter hängen, deren Aderngeflecht das dendritische Muster wiederholt. Der Baum ist also sowohl in seiner gesamten Gestalt als auch in den kleinsten Einzelheiten eine selbstähnliche Chronik, die vom nicht vorhersehbaren Durchfluß chaotischer Aktivitäten künden, durch die er geschaffen wurde und die ihn erhalten.

Darin dokumentiert sich aber nicht nur, inwieweit die verschiedenen Elemente des Baumes einander ähnlich sind, es kommt auch die absolute Einzigartigkeit jedes Elements und ihrer Kombination zum Ausdruck. Von den Bäumen der gleichen Art, die im Wald zusammenstehen, ist jeder auf seine Weise einzigartig, so daß man manchmal innehält und ausruft: »Schau, dieser Baum dort drüben, ist er nicht schön!« Aus den Windungen, Verwachsungen und Rhythmen des Stamms und der Äste, der anhaftenden Flechten, des Mooses, der abblätternden Rinde und den zahllosen anderen Merkmalen ergibt sich das dynamische Bild des individuellen Baums – seines Lebens im Fluß.

Der Klarheit wegen sei festgestellt, daß mit dem Begriff des »Selbstähnlichen«, wie der Name bereits sagt, Ähnlichkeiten, Gleichartigkeiten bezeichnet werden, aber auch die individuellen Unterschiede und Einzigartigkeiten. Wie zu sehen sein wird, gibt es sowohl in der Natur wie im menschlichen Bewußtsein eine große Palette fraktaler Selbstähnlichkeit. Manchen fraktalen Formen – besonders jenen, die mittels mathematischer Formeln durch Computer geschaffen wurden – haftet etwas Mechanisches an. Bei anderen Fraktalen – denen der Natur und Kunst – wird die Selbstähnlichkeit durch Unterschiede erzeugt, allerdings auf eine Art und Weise, die sich der Beschreibung entzieht.

Ein ch'an-buddhistischer Text sagt: »Ein Staubteilchen wird aufgewirbelt, und die ganze Erde liegt darin; eine Blume erblüht, und mit ihr entsteht ein Universum.«[1] Daran erinnert William Blakes Aufforderung in »Auguries of Innocence«, »die Welt in einem Sandkorn zu sehen, und die Ewigkeit in einer Stunde«. Fraktale Selbstähnlichkeit ist die chaotische Version dieser alten, dichterischen Wahrheit.

Nimmt man die selbstreflexiven, selbstähnlichen Strukturen erst einmal wahr, verändert sich auf subtile Weise die Sicht auf die Ordnung der Welt. Ein Beispiel ist der Sternenhimmel: Dringt man tiefer in ihn ein, vergrößert man mit einem Teleskop einen kleinen Ausschnitt, dann erkennt man, daß die scheinbar leeren Räume zwischen den Sternen wieder mit Sternen gefüllt sind. Je weiter man vordringt, desto deutlicher zeigt sich, daß sich zwischen den Sternen Räume auftun und in diesen Räumen wiederum Sterne sind. Bei jeder Vergrößerung wiederholt sich das Vorherige, zugleich offenbart sich etwas völlig Neues, das bislang noch nicht zu sehen war. Wiederholung und Entdeckung, Erneuerung halten sich die Waage.

Auf der winzigen Ebene der menschlichen Existenz ist jeder die einzigartige Repräsentation der Welt, die ihn geschaffen hat.

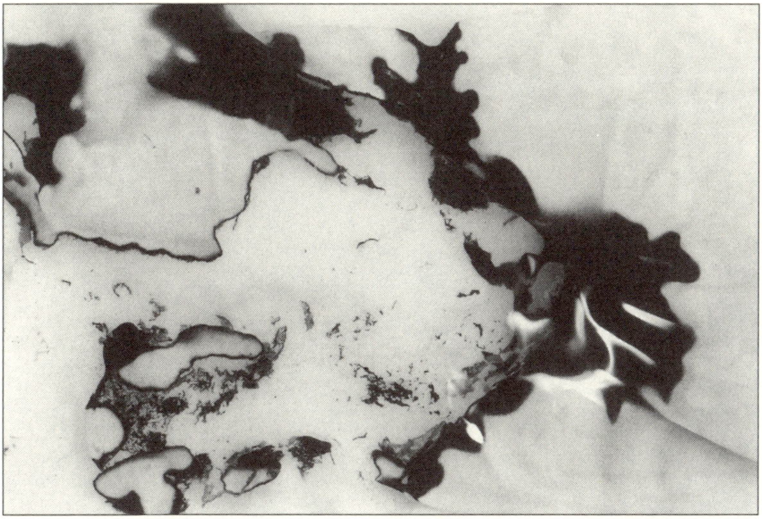

Das chaotische Züngeln der Flammen läßt eine fraktale Gestalt entstehen, die an eine Küstenlinie erinnert. Jedes Feuer ist zu jedem Augenblick einzigartig, dennoch findet sich auch hier Selbstähnlichkeit. *©John Briggs*

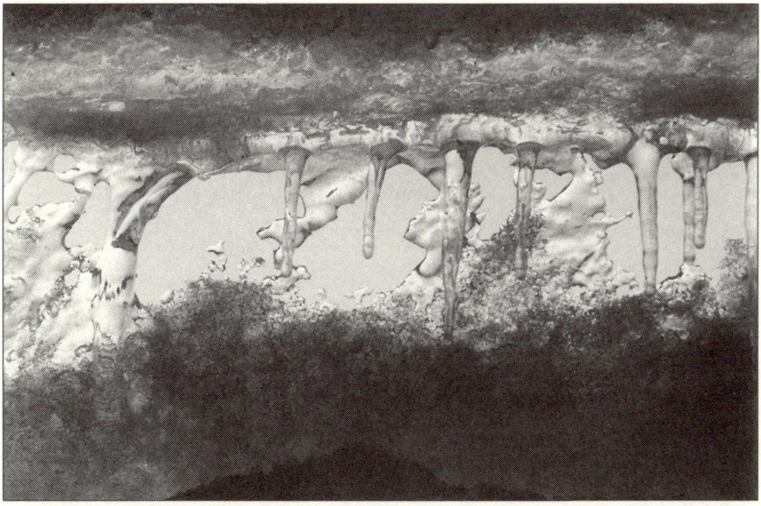

Tauendes Eis vor einem Fenster, bei dem man überall Küstenlinien zu erkennen glaubt. Man beachte die Selbstähnlichkeit der einzelnen Eisformen, aber auch, wie wundervoll einzigartig sie sind. *©John Briggs*

Bodenerosionen erzeugen fraktale Formen, welche die chaotischen Prozesse im Felsgestein bezeugen. *©Richard Halliburton*

An einem abgestorbenen Baum entstehen selbstähnliche Formen. *©John Briggs*

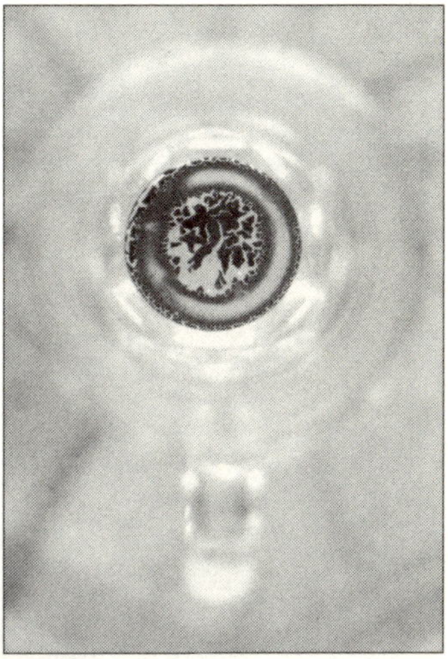

Eingetrockneter Kakao ließ am Glasboden ein fraktales Muster entstehen. *©John Briggs*

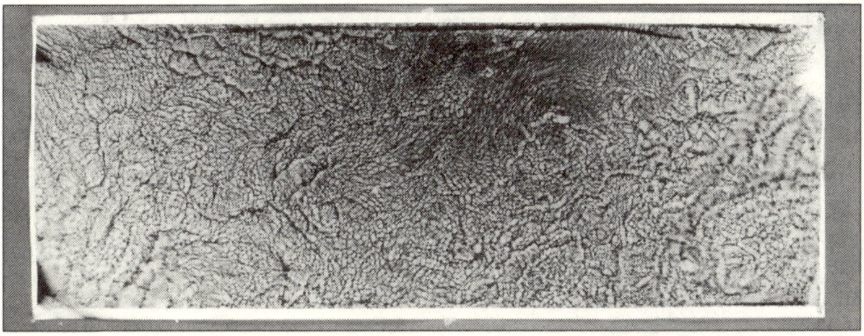

Bei Neumond legte die Künstlerin Susan Derges ein zwei Meter breites Photopapier in ein Flußbett und belichtete es mit einer Taschenlampe. Was in ihrer Dunkelkammer zum Vorschein kam, war eine Momentaufnahme der fraktalen Strömung. *©Susan Derges, 1996*

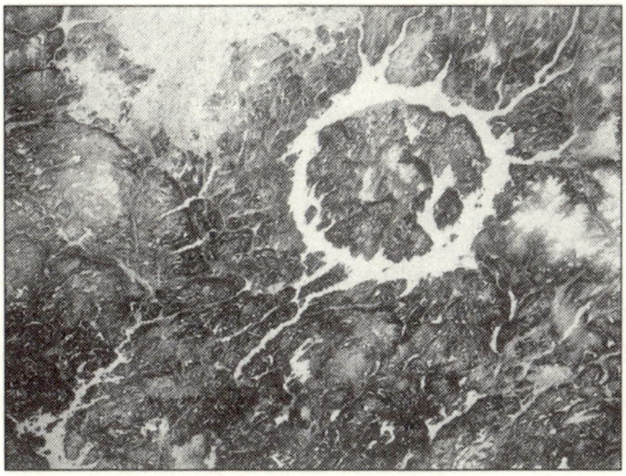

Klima- und Erosionseinwirkungen verwandelten den Ring dieses Asteroidenkraters in Kanada in ein Fraktal. *©NASA*

Turbulente Formen wie Wolken bilden selbstähnliche Muster, die vom Gehirn erkannt werden können. *©John Briggs*

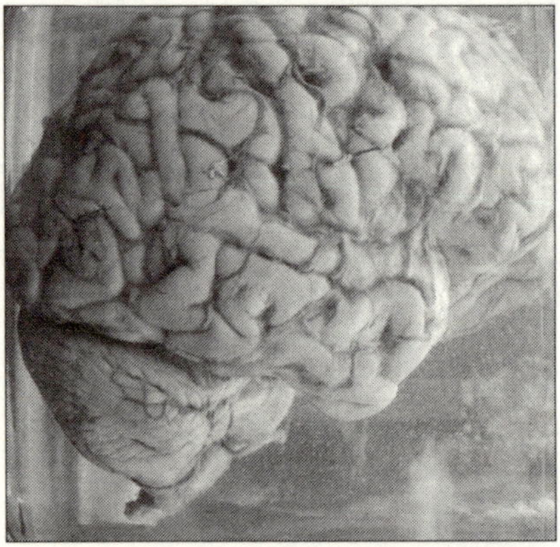

Auch das Gehirn ist von fraktaler Natur. Seine selbstähnlichen Faltungen werden bereits im Fötus angelegt; erzeugt werden sie durch genetische Programme, die mit den chaotischen, sich selbst organisierenden Neuronenbewegungen gekoppelt sind. So bestimmt das Chaos, daß sogar genetisch identische Zwillinge unterschiedliche neuronale Verknüpfungen in ihrem jeweiligen Gehirn ausbilden. Jedes Gehirn ist ein einzigartiges Fraktal. *©John Briggs (mit freundlicher Genehmigung der biologischen Fakultät der Western Connecticut University)*

Entsprechend durchläuft der Fötus in den ersten Wochen seiner Entwicklung Phasen, in denen er einem Fisch, einem Amphibium sowie anderen Säugetierarten gleicht und damit im kleinen die Geschichte der chaotischen Evolution nachvollzieht, bis er seine eigene Gestalt und sein eigenes Antlitz herausbildet. Biologen stellten sogar fest, daß die in den menschlichen Zellen vorhandenen Mitochondrien Spuren einer sehr viel früheren Evolutionsphase aufweisen und über DNS-Stränge verfügen, die denen von Bakterien näherstehen als den Zellkernen von Säugetieren.

Die Ureinwohner an der Pazifikküste Nordamerikas besitzen Masken, die aus verschiedenen, übereinander gelegten Gesichtern bestehen: Orka, Wolf, Adler, Mensch. Sie werden bei Zeremonien getragen, in denen sie ihrer Verbundenheit zu den vielen Wesen, die sich im menschlichen Körper und Geist widerspiegeln, und den vielfältigen Ebenen und Schleifen Ausdruck verleihen, die ein Nachhall auf das Chaos unserer Selbstorganisation sind.

Die fraktale Selbstähnlichkeit zwischen Mikro- und Makrokosmos ist das Ergebnis der komplexen internen Rückkoppelungsbeziehungen in einem dynamischen System. Achtet man auf die fraktalen Merkmale der Realität, erhält man eine Ahnung von der mysteriösen, unvorhersehbaren Bewegung, durch welche die Welt geschaffen und zusammengehalten wird.

In der heutigen Kultur ist der Mensch, abgestumpft durch die Überdimensionalität der exzessiven medialen Bilderwelten, unempfindlich geworden; er ist sich kaum noch der simplen Tatsache bewußt, daß sich das Bild für dieses grundlegende Lebens-Mysterium sowohl in der letzten Ecke eines Hinterhofes wie in der grandiosen Weite eines beeindruckenden Panoramas finden läßt.

Entsprechend konnte Mandelbrot nachweisen, daß die fraktalen Phänomene der Natur zwischen den herkömmlichen drei Dimensionen der Länge, Breite und Höhe (dargestellt als Linie, Ebene und Körper) liegen. Um zu verstehen, was gemeint ist, wenn etwas zwischen den Dimensionen stattfindet, stelle man sich ein

Achtet man darauf, lassen sich überall fraktale Muster finden. Hier zeigen sie sich in der Verteilung der Blumen und Gräser sowie in den fraktalen Windböen, die über das Land streichen. *©John Briggs*

Fraktale sind überall, hier an einer Wand im ärmsten Barrio von Manila auf den Philippinen. *©Joe Martin Cantrell*

Das fraktale Gesicht des Dichters W. H. Auden, der die fraktal klingende Zeile schrieb: »Die Unendlichkeit als Zahl zu bezeichnen macht aus ihr noch keine.«
©John Briggs

Blatt Papier vor. Das Blatt soll eine aus Länge und Breite bestehende, zweidimensionale Ebene darstellen. (Natürlich besitzt auch ein Blatt Papier drei Dimensionen; die dritte Dimension, die Höhe, ist lediglich sehr klein.) Dann zerknüllt man die Ebene zu einem Ball. Wie viele Dimensionen hat sie nun? Sie ist nicht ganz eine Kugel, aber auch keine Ebene mehr. Gefaltet und zerknittert ist sie nun ein Objekt, das irgendwo zwischen zwei und drei Dimensionen existiert.

Ähnlich ist eine Küstenlinie keine gewöhnliche eindimensionale Linie. Sie ist so stark gekrümmt und gefaltet, daß sie auf der Oberfläche einer Ebene wesentlich mehr mathematische Punkte durchläuft als eine gerade Linie. Das bedeutet, sagt Mandelbrot, daß die Dimension der Küstenlinie irgendwo zwischen der »eins« der Linie und der »zwei« der Ebene liegen müsse. (Britanniens Küstenlinie besitzt die berechnete fraktale Dimension von 1,26; alle chaotischen Gestalten – Küstenlinien, Flüsse, Bäume, Lungen – lassen sich durch eine fraktale Dimension charakterisieren.) Ein Vorläufer Mandelbrots aus dem 19. Jahrhundert, Giuseppe Peano, konstruierte eine Linie, die so in sich verwoben war, daß sie jeden möglichen Punkt einer Ebene durchlief. Da die Linie also die

Ebene ausfüllte, mußte er daraus folgern, daß die Linie eine Ebene und damit paradoxerweise sowohl ein- wie zweidimensional war. Die Faltungen und Windungen in der Natur gehen nicht so weit. Sie liegen irgendwo zwischen den Dimensionen. Wobei die fraktale Dimension eines Objekts ein ungefähres Maß für seine Komplexität und seinen Detailreichtum ist. Allerdings sagt sie nichts über das Wesen der Details und ihre Interaktionen aus.

Die Ästhetik des Fraktalen

Denkt man an die »Schönheiten« der Natur, so hat man meist Szenen vor Augen, wie sie in Reisefilmen oder auf Grußpostkarten für Touristen zu sehen sind. Die großen amerikanischen Nationalparks, der Yellowstone- und Yosemite-Park, wurden als Schutzzonen eingerichtet, da ihre landschaftlichen Szenarien genau diesem Konzept der sublimen Größe der Natur entsprechen. Als Folge davon wurden all jene Landschaftsteile, die weder diesem Klischee entsprechen noch als schön oder großartig empfunden werden, zur immobilen Verfügungsmasse erklärt. Die Ästhetik des Chaos hat nichts mit diesem Postkartenkitsch zu tun, bei dem Wälder wie Stadtparks aussehen. Es geht darum, sich den wirklichen Wald anzusehen, die abgestorbenen, übereinandergefallenen Bäume, verwilderten Dickichte, feucht-sumpfigen Moore, Lichtungen mit giftigem Efeu – Dinge in Bewegung, die auf unendliche Weise miteinander verbunden sind.

Als im 19. Jahrhundert in der Mathematik Gebilde entdeckt wurden, die man heute als Fraktale bezeichnet, waren sie für Mathematiker »pathologische Ungeheuer«. Dies verdeutlicht, wie sehr der Mensch auf idealisierte Formen fixiert ist – eine Fixierung, die die gesamte moderne Kultur durchzieht.

Fraktale Muster in der Natur verfügen über einen Erkennungswert, der über die einfachen Klassifikationen wie »angenehm« oder »unangenehm«, »sympathisch« oder »unsympathisch« hinausgeht. Einen Tintenfisch muß man nicht unbedingt attraktiv finden, dennoch läßt sich einiges Wesentliche darüber aussagen. In gewissem Sinn kann man sich selbst darin erkennen. So finden sich auch in unserem Körper tintenfischartige Formen. Die Tentakel könnte man mit bestimmten Ebenen des Bewußtseins (oder auch der Gesellschaft) in Zusammenhang bringen. Manche Schutzmechanismen, die man sich gegen seine psychologischen Aggressoren zurechtlegt, gleichen vielleicht der Verteidigungsstrategie des Tintenfisches, der schwarze Wolken ausstößt und eine »unechte« Gestalt erzeugt, hinter der er fliehen kann.

©Joe Martin Cantrell

Die fraktale Ästhetik lädt dazu ein, die vielfältigen Mehrdeutigkeiten der metaphorischen Beziehung zwischen sich und der Welt zu erkunden – statt in den kategorischen Abstraktionen zu verharren, die einen von der Welt trennen.

Die ganz unmittelbare Sympathie und Anteilnahme, die der Mensch fraktalen Formen entgegenbringt, bedeutet aber auch, daß man sich auf die Offenheit der Formen, die auf der Grenze zwischen Leben und Tod fluktuieren, einläßt, daß man im Fluß zwischen Ordnung und Auflösung lebt. Joseph Conrad nannte dies das »verborgene Gefühl einer Gemeinschaft mit allem Erschaffenen«. Die Einheit, die in fraktalen Mustern zum Vorschein kommt, ist keine gefühlsmäßige, sentimentale Einheit; keine, die von einer Theorie oder einer religiösen Idee abhängig ist. Sie kann sogar die menschengeschaffenen kulturellen Theorien und Ideen aus den Angeln heben. Liest man eine Geschichte über die bizarren Konflikte der menschlichen Natur, kann man vielleicht sogar die fraktale Schönheit einer vom Krieg verwüsteten Landschaft anerkennen oder der Wahrheit ins Auge schauen.

Die Ökologin Linda Jean Shepherd vertritt die Meinung, die Naturwissenschaften hätten es traditionell vernachlässigt, sich mit dem »Wirrwarr, den Ungeheuern, dem Rauschen der Natur« zu beschäftigen. Sie nennt diese Dinge die weiblichen Aspekte der Natur und glaubt, die Chaostheorie trage dazu bei, daß das Weibliche bei der Erforschung der Welt wieder mehr Beachtung findet.[2]

Mathematische Fraktale

Fraktale errangen vor allem durch die faszinierenden computergenerierten Bilder der berühmten Mandelbrot-Menge öffentliche Aufmerksamkeit. Sie sind nichts anderes als die graphische Darstellung von mathematischen Formeln. Mathematische Formeln wiederum sind formalisierte Regeln der Logik. Daß bestimmten Formeln eine chaotische Schönheit innewohnt, ist allerdings erstaunlich.

Die Mandelbrot-Menge wurde als das »komplexeste Objekt der Mathematik« bezeichnet. Es ist ein Zahlendickicht, das sich in einer Region der sogenannten komplexen Zahlenebene befindet. Wenn man die Zahlen dieser Region in eine einfache nichtlineare Gleichung oder einen Algorithmus einfügt und ihr Verhalten während der Iteration dieser Gleichung graphisch darstellt, können erstaunliche Bilder entstehen, die eine gewisse organische Qualität aufweisen – eine Qualität, die der Kunst nahekommt.

Wie die Vergrößerungen der Mandelbrot-Menge zeigen, besitzt dieses mathematische Objekt eine unglaubliche Tiefe, in der immer wieder die fraktale Selbstähnlichkeit aufscheint. Sogar das ursprüngliche Bild wiederholt sich auf den unteren Ebenen – ein sogenanntes »Mini-Mandelbrot« taucht auf, das vor der Knospenspitze der Mandelbrot-Menge zu sehen ist. Zoomt man es heran, wiederholt sich – mit Variationen –, was man bereits bei der Erkundung der Grenze der ursprünglichen Mandelbrot-Menge gesehen hat.

Wissenschaftler, die sich mit Fraktalen beschäftigten, entdeckten weitere Gleichungen, die auf Computerbildschirmen fraktale Bilder erzeugen.

Auf fraktalen Grundlagen wurden imaginäre Bergzüge und imaginäre Landschaften konstruiert.

Firmen, die Spezialeffekte für Kinofilme herstellen, greifen bei der Erzeugung filmischer Realität regelmäßig auf Fraktale zurück.

Mathematische Fraktale sind beeindruckend, nach mehrmaligem Betrachten aber verlieren sie ihre Frische. Bei den Schöpfungen der Natur oder der Kunst ist dies nicht der Fall, da sie aus einem ganzheitlichen, chaotischen Prozeß hervorgehen, dem wahren Chaos – im Gegensatz zur mathematischen Simulation, die durch die Wiederholung eines Algorithmus, also einer Regel oder Gleichung, zustande kommt. Fraktale in Kunst und Natur besitzen daher Individualität, Spontaneität, Tiefe und etwas Geheimnisvolles, das kein Algorithmus – mag er noch so nichtlinear sein –, reproduzieren kann.[3]

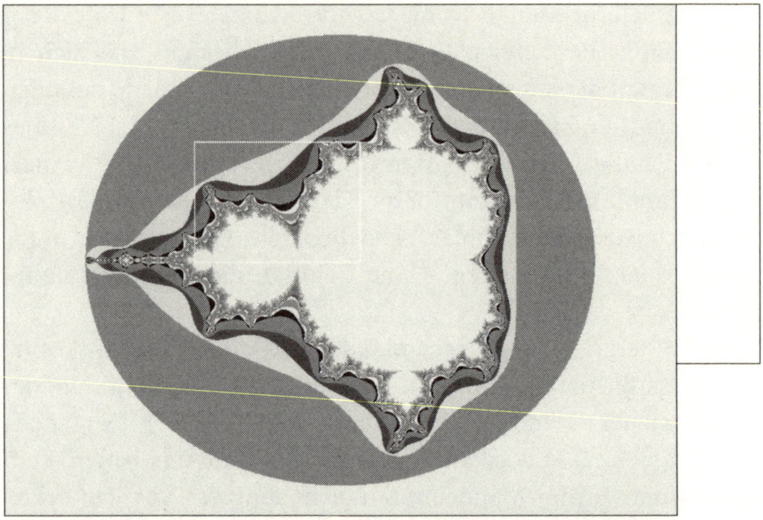

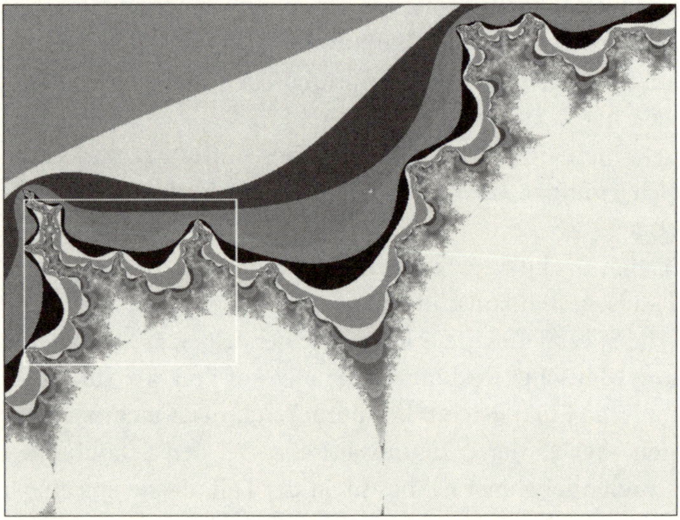

Das erste der vier Bilder zeigt das gesamte Gebiet der komplexen Ebene, die die Mandelbrot-Menge enthält. Die Menge selbst ist schwarz dargestellt. Werden die Zahlen in diesem Bereich durch den nichtlinearen Algorithmus »geschickt«, bleiben sie stabil. Am Rand der Menge aber driften die Zahlen bei der Iteration ins Unendliche ab. Die Geschwindigkeit, mit der sie das tun, ist hier durch die verschiedenen Grauschattierungen wiedergegeben. Die auf diesem ersten Bild dargestellten Zahlen können als großer

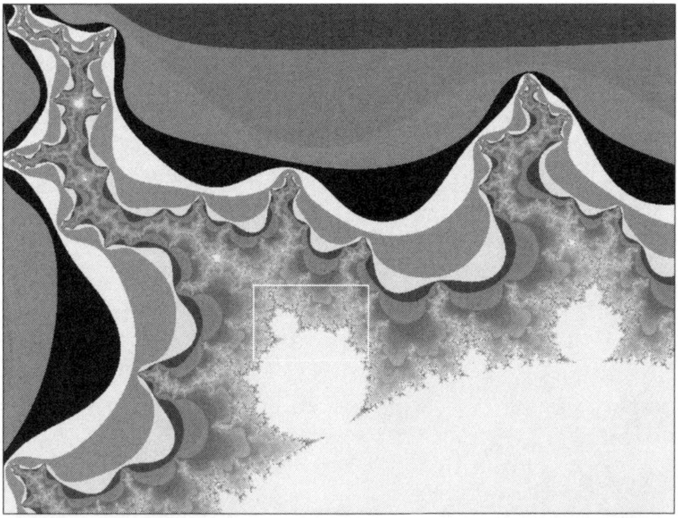

Maßstab der Mandelbrot-Menge gesehen werden. Wird die Formel auf die Zahlen angewandt, die zwischen ihnen liegen, dann kommt das Ergebnis einer Vergrößerung gleich; als ob eine Kamera auf einen Ausschnitt der Menge zoomt. Ein solcher vergrößerter Ausschnitt (angedeutet durch den weißen Kasten) ist im zweiten Bild zu sehen. Das dritte und vierte Bild sind nochmalige Vergrößerungen.

©erstellt von Silvio Tavernise

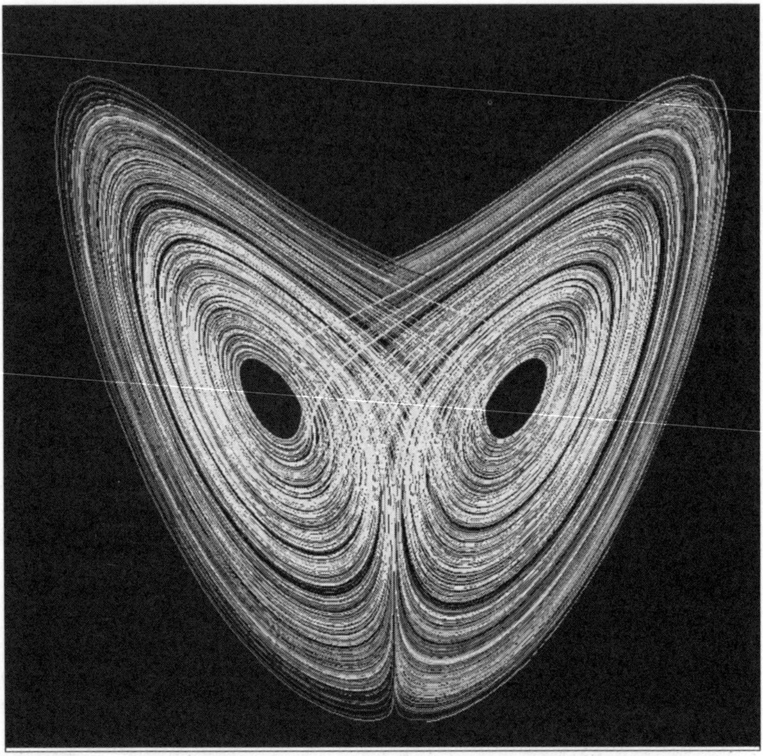

Lorenz wandte für sein Wettermodell die gleiche allgemeine Algorithmenklasse (nichtlineare Gleichung) an, die für die Berechnung und graphische Darstellung der Mandelbrot-Menge verwendet wird. Die Isobaren auf Wetterkarten besitzen fraktale Gestalt, die den gewundenen Küstenlinien von Inseln gleichen. Dieses Bild stellt den sogenannten Lorenzschen seltsamen Attraktor dar. Die Graphik entstand durch Verknüpfung der nichtlinearen Gleichungen seines Wettermodells. Die ineinandergefaltete Gestalt des Attraktors zeugt von den Faltungen, die die Rückkoppelungen zwischen Windgeschwindigkeit, Temperatur und Luftdruck erzeugen. Die Linien, die sich in der Graphik um diese Falten bewegen, deuten an, daß sich die Rückkoppelungen auf verschiedenen Ebenen vollziehen und Selbstähnlichkeiten hervorrufen. Zum Beispiel gleichen die großen Wetterfronten, die die Kontinente überqueren, den kleinen Luftwirbeln, denen man manchmal vor der eigenen Haustür begegnen kann.
© erstellt von Silvio Tavernise

Dieser Farn wirkt natürlich, ist in Wahrheit aber die graphische Darstellung von Punkten, die durch Iteration einer nichtlinearen Gleichung auf diese Weise angeordnet wurden. © *erstellt von Silvio Tavernise*

Kunst jenseits des Fraktalen: Verstand und Geist

In der Menschheitsgeschichte war die Kunst immer integraler Bestandteil der menschlichen Erfahrung in der Welt. Von den Höhlenmalereien der Eiszeit bis über das Mittelalter hinaus drückte sich in der Kunst der Glaube aus, daß das Universum von einem Geist durchdrungen sei. Traditionelle Kulturen waren und sind noch immer von Objekten des Alltagslebens - Töpfen, Messern, Tierhäuten - umgeben, die mit metaphorischen Selbstähnlichkeiten belegt sind. Ihr Leben verläuft näher an den chaotischen Schwingungen der Natur, in denen sich der Geist des Lebens offenbart.

In ihrem Kern besteht die Kunst aus Knoten von Selbstähnlichkeiten. Die Selbstähnlichkeiten der Kunst sind wie jene der Natur tiefer und weitaus vielfältiger als die der Mandelbrot-Menge. Die »fraktale« Ordnung in der Kunst übersteigt bei weitem alles Mechanische – alles, was sich auf eine didaktische Beschreibung reduzieren läßt. Größe in der Kunst zeichnet sich dadurch aus, daß sie nicht beschrieben werden kann.

Der Eintritt in ein großes Kunstwerk gleicht ein wenig der Aufmerksamkeit, die man den Vögeln oder Eichhörnchen im Park und ihren Interaktionen entgegenbringt. Man kennt ihre Verhaltensmuster, dennoch erfährt man jeden Augenblick, daß etwas Ungewöhnliches vor sich geht und das einen gefangennimmt.

Zu den fundamentalen Selbstähnlichkeiten zwischen Kunst und Natur gehört die tiefe Resonanz zwischen dem, was man sieht, hört, was »außerhalb« von einem liegt, und dem innersten eigenen Wesen. In diesem Augenblick erkennt man, daß die Erfahrung eines Kunstwerks eine Dimension des eigenen Seins anspricht, die niemals zuvor artikuliert worden war. Aber das ist nicht alles. Man erkennt auch, daß das andere dasselbe und zugleich verschieden von uns ist.

Die Natur erschafft ihre fraktalen Formen aus Energie und Materie. Die Kunst greift auch auf das menschliche Bewußtsein zurück. Gedichte, Gemälde und Musikstücke entstehen aus den Kategorien der Sprache und Wahrnehmung. Künstler entwickeln in ihnen Dissonanzen und Disharmonien, sie bedienen sich dabei der Ironie, der poetischen Metaphern (verschiedene Dinge werden als einander ähnlich dargestellt), simultaner Harmonien und anderer analoger Techniken. Die Harmonien und Disharmonien bilden Strukturen, die immer überraschend selbstähnlich und zugleich einander unähnlich sind und in denen sich das seltsame Mysterium des menschlichen Seins in der Welt spiegelt.

Bei einer Fuge zum Beispiel wird ein einfaches Thema in verschiedenen Stimmen und Tonarten wiederholt. Das Thema kann in verschiedenen Tempi vor- und rückwärts gespielt und die Tonleiter auf- und abtransponiert werden. Das Wesen der Fuge besteht jedoch nicht aus diesen etwas mechanischen Regeln, wodurch selbstähnliche Permutationen des Themas erzeugt werden, sondern darin, wie diese Regeln eingesetzt und durchbrochen werden. Dadurch entsteht ein Fluß, der an die überraschenden transformierenden Muster von Gefühlen, Gedanken und an das Leben selbst erinnert. Hört man eine große Fuge, ist das manchmal, als lausche man der inneren Bewegung der eigenen Existenz. Bei großen Komponisten wie Bach wird aus der Fuge ein Organismus, der sich innerhalb seiner Wiederholungen und Reflexionen ständig umwandelt und verschiebt. Die simultanen Harmonien und Disharmonien eines Kunstwerks unterlaufen damit subtil die menschliche Neigung zur Abstraktion, die Neigung, Algorithmen zu schaffen, und weisen auf etwas hin, das

Die Anasazi im amerikanischen Südwesten bauen ihre Dörfer in Felswände und verbinden damit die euklidische Geometrie menschlicher Denkmuster mit den natürlichen fraktalen Formen der Wüstenlandschaft.

©Richard Halliburton

jenseits von ihnen aufscheint oder verborgen in ihrem Schatten liegt.[4]

Der Aufstieg der Naturwissenschaften und der Technologie nötigte dem menschlichen Bewußtsein seine mechanische Ordnung auf, wodurch – zusammen mit anderen Faktoren – die Kunst immer mehr an den Rand gedrängt wurde. Es mag überraschend klingen, aber einst galt die Kunst als wichtige Methode rationalen Erkenntnisstrebens.

Rationalität wird heutzutage nur noch mit den Wissenschaften in Verbindung gebracht, und Verstand gilt als die Fakultät des logischen, analytischen, objektiven und distanzierenden Denkens. In früheren Zeiten hatte Vernunft eine andere Bedeutung. Apollon, der Gott der Schönheit und der Vernunft, war geistiger Schutzherr der Künste, vor allem der Musik und Dichtung. Bis zum Ausgang des Mittelalters galt Rationalität als die Fähigkeit, die geistigen Beziehungen in den Dingen, die Rhythmen und das filigrane Gleichgewicht, die »Ratio« zwischen Subjekt und Objekt zu erkennen.

Die Kunst jedoch muß sich von den Beschränkungen der apollinischen Vernunft und Harmonie befreien. Am Schrein der Pythia, dem Schlangenorakel in Delphi, ist Apollon mit Dionysos dargestellt, dem leidenschaftlichen Gott des Rausches – so, als entstiegen beide Aspekte derselben Quelle, als lägen beide dem Schöpfungsakt zugrunde. Innerhalb der Kreativität gehen Ordnung und Chaos, Plan und Zufall, Konzept und Inspiration, Anfang und Ende Hand in Hand.

Die Nuancen und Resonanzen in den Fraktalen der Natur bringen uns – durch eine chaotische Windung – zu den alten Göttern zurück. Fraktale und Chaos erlauben es, den grenzüberschreitenden Dionysos in die Vorstellung dessen aufzunehmen, was »vernünftig« sei.

Fügt man der Logik Harmonie, der Harmonie Dissonanz hinzu, dann wird aus dem Verstand Kreativität. In einer Welt, in der rationale Entscheidungen nötig sind, die chaotischen Ökosysteme betreffen, sollte es nicht zu abwegig klingen, wenn man eine neue Rationalität einfordert, die nicht nur die Fähigkeit der Analyse und der logischen Deduktion mit einschließt, sondern auch die menschliche Leidenschaft und ästhetische Empfänglichkeit für die Natur.[5]

Das Denken sollte also die kleinen »Sensationen« mit beinhalten, die Cézanne verspürte, wenn er sein Motiv betrachtete – und die jeder verspürt, wenn er das tut. »Cézannes Zweifel« sollten auch Teil unseres analytischen Denkens sein, eine Wachsamkeit im Chaos für die Wahrheit des Augenblicks.

Es ist klargeworden, daß unsere alte Form des Denkens, welche die Welt als externes – analysiertes, seziertes und kontrolliertes – Objekt sieht, angesichts der vielen Probleme in der modernen Welt nicht mehr funktioniert.

Um nur ein Beispiel zu nennen: Aufgrund von Computermodellen scheint es möglich zu sein, das durch die weltweite Freisetzung von Fluorchlorkohlenwasserstoffen erzeugte Ozonloch in der Atmosphäre zu schließen, wenn eine Flotte großer Flugzeuge am Himmel über dem Südpol fünfzigtausend Tonnen Propan oder Ethan versprüht. Einige Wissenschaftler werben mit der Theorie, das Kohlenwasserstoff-Spray könne eine chemische Reaktion in Gang setzen, die den jahreszeitlichen Ozonabbau verhindert. Es wäre eine kluge technische Lösung, wäre es aber auch eine »relationale« Lösung? Läßt man sich von der neuen Rationalität leiten, sieht man sofort, daß damit – will man die durch den Einsatz alter Technologien erzeugten Probleme durch neue lösen – nur das Bewußtsein perpetuiert wird, das die Natur zerstört.[6]

Sieht man die Umwelt im Sinne der neuen Rationalität ästhetisch *und* logisch, analytisch, mechanisch – würde man dann nicht auch anders in ihr leben? Und würde sie dann umgekehrt uns nicht auch eine ganz andere, reichhaltigere Lebensgrundlage zur Verfügung stellen?

Der amerikanische Architekt Christopher Alexander befaßt sich weltweit mit Städten und Dörfern, die eine, wie er sie nennt, »zeit- und namenlose Qualität« besitzen; Ortschaften, in denen

Fraktale und selbstorganisiertes Chaos gedeihen. »Plätze im Freien, wo die Menschen essen und tanzen, wo die Alten an der Straße sitzen und die Welt vorüberziehen sehen, wo sich die Mädchen und Jungen aufhalten können, zwar in der Nachbarschaft, aber weit genug von den Eltern entfernt, so daß sie sich frei fühlen können und das auch sind; Abstellplätze für Autos, die, wenn sie überhandnehmen, verdeckt sind, damit ihre Anwesenheit die Menschen nicht erdrückt; Arbeit innerhalb der Familien, dazwischen die spielenden Kinder, die davon lernen können.«[7]

Alexander stellte fest, daß solche Gemeinschaften nicht auf dem Reißbrett geschaffen wurden, sondern von ganz gewöhnlichen Menschen, die ihre Architektur aus den natürlichen Strukturen ihres Lebens abgeleitet hatten. Besitzt eine Stadt oder ein Gebäude diese nicht benennbare Qualität, dann wird sie »ein Teil der Natur. Wie Meereswellen oder Grashalme unterstehen die einzelnen Teile dem endlosen Spiel der Wiederholung und Variation, erzeugt aus dem Bewußtsein der Tatsache, daß alle Dinge vergehen. Das ist die Qualität selbst.«[8]

Alexander stellt diese Strukturen den aufoktroyierten mechanischen Schablonen gegenüber, die das High-Tech-Leben beherrschen: den starren Zeitplänen und Terminen der Unternehmen, in denen die Menschen arbeiten, den aus vorfabrizierten Materialien erstellten Reißbrettsiedlungen, der räumlichen und zeitlichen Ferne zwischen Wohn- und Arbeitsplätzen, verbunden nur durch verstopfte Straßen, der strikten Trennung zwischen Arbeit, Familie und Freizeit.

Wenn man sich der ästhetischen Rationalität bedient und auf die damit einhergehende fraktale Welt achtet, würde man sich dann nicht auch – wie es der Komplexitätstheoretiker Stuart Kauffmann ausdrückt – »im Universum mehr zu Hause fühlen«? Selbstähnlichkeit und Differenz in der Natur und Kunst inspirieren, wie Alexander sagt, »zu mehr Leben«.

Schließlich stellt sich also heraus, daß die Chaostheorie ebensosehr von der Ästhetik wie von der Wissenschaft handelt.[9] Die

Chaostheorie ist nicht Kunst, aber sie weist doch in eine ähnliche Richtung: auf das, was in den heilenden Bildern der Natur zu finden ist, dorthin, wo die Versuche anzusiedeln sind, sich dem verborgenen Element des Universums zu nähern, das man gemeinhin Geist nennt.

6. LEKTION

Leben in der Zeit

Fraktale Windungen und Tiefen der Dauer

Der Mensch wurde in der modernen Welt zum Gefangenen der Zeit. Das Wesen der Zeit wurde auf ihre reine Quantität reduziert, es wurde zu einem numerischen, aus Jahren, Stunden, Minuten und Sekunden bestehenden Maß. Der Mensch scheint nie genug Zeit zu haben, und die wenige, die er hat, »verschwendet« er. Die Qualität der Zeit ging verloren. Sie hat ihr inneres Wesen verloren.

In anderen Kulturen ist Zeit eine Energie des Universums, ein Fluß, auf dem man entlangfahren kann, eine Brust, an der man Ruhe findet. In der industriellen Welt wurde Zeit mechanisch, unpersönlich, etwas Äußeres, das keine Verbindung zu den inneren Erfahrungen des Menschen mehr hat. Die Chaostheorie aber zeigt, daß es möglich ist, die Beziehung zum lebendigen Puls der Zeit wiederherzustellen. Die vorhergehende Lektion handelte vom Leben in der neuen Dimension des fraktalen Raums. Dieses Kapitel beschäftigt sich mit dem Leben in der neuen Dimension der fraktalen Zeit.

Zur Einführung sei eine einfache Geschichte erzählt, die in unterschiedlichen Versionen in vielen Kulturen vorkommt. Ein Mönch, der eines Tages aus dem Wald zurückkehrt, wo er Holz gesammelt hat, hält inne, um dem Gesang eines Vogels zu lauschen. Sein Lied ist ausnehmend schön, und der Mönch ist hingerissen und verzaubert; einige Augenblicke nur bleibt er stehen, bevor er seinen Weg fortsetzt. Als er sein Kloster erreicht, muß er feststellen, daß er von fremden Gesichtern empfangen wird. Während er dem Vogel zugehört hatte, war ein Jahrhundert vergangen und alle

seine Freunde waren verstorben. Der Mönch hatte sich ganz diesem einen einzigen Augenblick hingegeben und war damit der Ewigkeit nahegekommen.
Die Geschichte erinnert an William Blakes Vers, in dem er versichert, daß es möglich sei, »die Welt in einem Sandkorn und die Ewigkeit in einer Stunde« zu erfahren. In ihr schwingt auch mit, daß kreative Menschen Zeit völlig anders wahrnehmen, als es der mechanische Ablauf der Uhr vorgibt.[1]

Das fraktale Wesen der Zeit

Solange man glaubt, Zeit sei eine gerade Linie, ein Pfeil, der von der Vergangenheit in die Zukunft fliegt, fällt es schwer, für die vielen persönlichen, inneren Zeiterfahrungen eine Erklärung zu finden. Sie werden als Illusionen, durch das Gedächtnis und die Wahrnehmung erzeugte Täuschungen abgetan, etwas, das nichts mit der physikalischen Natur der Zeit zu tun hat.
Die Chaostheorie ersetzt die Linie durch eine unendlich komplexe Figur von fraktaler Dimension. Auf jeder seiner Ebenen offenbart das Fraktal neue Muster und Einzelheiten. Laut der Chaostheorie gibt es in der Natur keine einfachen Linien. Was aus der Ferne linear erscheint, erweist sich bei näherer Betrachtung als gekrümmt und in sich gewunden, von arabesker Gestalt und mit unendlichen fraktalen Details versehen. Und manche Linien sind nicht einmal fortlaufend, sondern bestehen aus diskontinuierlichen Clustern, die wiederum aus Clustern bestehen.
Was bleibt also von der Zeit, der Linie, die angeblich von der Vergangenheit in die Zukunft führt? Warum sollte sie die einzige eindimensionale Linie der Natur sein? Was, wenn die lineare Zeit der technologischen Welt nichts anderes als eine bequeme Illusion ist, welche die lebendige, vibrierende fraktale Zeit verdeckt?
Die Vorstellung, Zeit verfüge über eine fraktale Dimension, steht in Einklang mit den unmittelbaren Erfahrungen des Menschen.

Durch sie öffnet sich die Tür, durch die man in den Strom, den Strudel der Zeit eintreten kann, um ihre turbulenten Wirbel zu erkunden. Viele dürften dies bereits erlebt haben.

Bei einem lebensbedrohenden Unfall scheint es, als stünde die Zeit still. Die Ereignisse laufen wie in Zeitlupe ab. Es tut sich eine seltsame Zeitwelt auf, in der man sich, soll ein Zusammenstoß vermieden werden, entscheiden muß, ob man abbremst oder beschleunigt. Als ob sich jedes einzelne Ereignis in diesem Kollisionspanorama in seiner individuellen Zeit, in seiner eigenen Wesensgeschwindigkeit entfaltet.

Eine solche Erfahrung ist vielleicht weniger auf die heftige Adrenalinausschüttung zurückzuführen, sondern stellt vielmehr die momentane Vision dar, wie die Dinge in der Dimension der Zeit wirklich sind. In Krisenmomenten verläßt man zeitweilig die mechanische »Uhr-Zeit«, tritt in die fraktale Zeit ein und erfährt ihre temporalen Nuancen.

Hört man jemanden die ersten Noten einer bekannten Melodie summen, nimmt sofort das gesamte Musikstück im Kopf Gestalt an. Das einzelne ruft sofort das Ganze wach. In diesem Augenblick tritt man in die Fülle der Zeit ein, die bereits in diesen ersten Noten angelegt ist. Bittet man jedoch den anderen, dieselben Noten mit einem kurzen Zeitintervall zu summen, bleiben sie das, was sie waren – einzelne Töne, die, Inseln in der Zeit, voneinander isoliert sind. Die besondere Zeit der Melodie ist nicht mehr präsent; man hört sie nicht mehr, die Noten weigern sich, zu einer erkennbaren Tongestalt zu werden.

Ist man bereit, sich in die fraktale Dimension zu begeben, erweitert sich die Erfahrung. Man erkundet die Nuancen der Zeit und verhält sich gemäß dem eigenen inneren Rhythmus.

Cindy Warren unternimmt gern Wanderungen in der Natur. Dabei spürt sie, wie sie sich von den zeitlichen Fristen und Terminen löst, in denen sie sonst gefangen ist; sie entdeckt, daß die bürokratischen, im voraus festgelegten Zeitpläne ihrer schnellebigen Kultur wenig mit dem inneren Rhythmus ihres eigenen Lebens zu tun haben. Die Welt, in der sie lebt, unterteilt die Zeit in starre

Segmente von festgelegter Dauer, die keinen Platz für fraktale Details lassen. Aber, wie sie sagt, »wenn ich einen Bach betrachte, dem Wind in den Ästen lausche oder nur einem Frosch zusehe, der ein Insekt zu fangen versucht, spüre ich, daß ich mich in einem Zeitrhythmus befinde, der nichts mit den Ziffern auf meiner Uhr zu tun hat«.

Erkundet man die fraktalen Feinheiten der Zeit, wird man von Kleinstereignissen überschwemmt, die aus bislang kaum wahrgenommenen subtilen Schattierungen bestehen; zugleich beginnt man den Fluß von schnelleren und langsameren Zeitwellen wahrzunehmen – den Lauf der Sonne am Himmel, das Erwärmen der Erde, das Austreiben von Samen, das Altern von Bäumen. Jene fraktalen Dimensionen der Zeit finden sich auch in unserem Körper. Wird man, wie es in unserer Gesellschaft nur allzuoft der Fall ist, von der tieferen Bedeutung der Zeit abgeschnitten, ist man auch der Verbindung zu den Rhythmen des Lebens selbst beraubt.

Brenda ist Sozialarbeiterin, die oft mit Menschen zu tun hat, die sich in verzweifelten Situationen befinden. Dennoch sagt sie manchmal ihrem Vorgesetzten, daß sie nicht arbeiten wird, weil »momentan nicht der richtige Zeitpunkt für mich ist«. Da sie für eine indianische Einrichtung arbeitet, verstehen ihre Vorgesetzten, daß die Zeit, die sie mit anderen verbringt, die »richtige« sein muß, da sich die Dinge sonst nur verschlimmern würden. Wenn es um die Qualität der Zeit geht, vertraut sie daher ihrer Intuition. Laufen sie und die Zeit nicht synchron, ist es für sie wesentlich besser, wenn sie nach Hause geht, statt die Welt noch mehr in Unordnung zu bringen.

Die wissenschaftliche Zeitlinie durchbrechen

Es gab eine Zeit, in der die meisten Menschen die Zeit so wahrnahmen wie Cindy und Brenda (der überwiegende Teil der Weltbevölkerung lebt tatsächlich heute noch so). Die Bauern im Mittelalter brauchten keine Uhr. Sie lasen den Lauf der Sterne am Nachthimmel und wußten, wann es Zeit für die Aussaat und Ernte war. Morgens hörten sie den Hahn krähen und betrachteten die ersten Sonnenstrahlen, die den Himmel rötlich färbten. Sie arbeiteten, bis die Sonne so hoch stand, daß es zu heiß für die Feldarbeit wurde. Sie warteten auf den kühleren Nachmittag, kehrten dann zu ihrer Arbeit zurück und arbeiteten, bis der Sonnenuntergang sie wieder nach Hause führte. Im Frühling hörten sie den Kuckuck, und das ferne Läuten der Klosterglocken kündete die täglichen Gottesdienste an.

Allmählich veränderte sich dieses mittelalterliche Zeitbewußtsein. Die Kirche hatte einst gelehrt, die Zeit gehöre Gott, weshalb Wucher, das Verleihen von Geld auf Zeit, eine Sünde sei. Zu Anfang des 14. Jahrhunderts tauchten dann die ersten mechanischen Uhren an öffentlichen Gebäuden auf – es begann die Säkularisierung der Zeit. Der Aufstieg der Handelshäuser und Banken und die damit einhergehende Ausgabe von Schuldscheinen und Darlehen machte ein Zeitverständnis notwendig, das es erlaubte, die Zukunft vorherzusehen und ökonomisch zu kontrollieren. Die Zeit wurde von der unmittelbaren menschlichen Erfahrung abstrahiert und auf eine Zahl reduziert, mit der man rechnen konnte. Wieviel Gewinn fällt ab, wenn ich mein Geld zu diesem Zinssatz auf zwanzig Jahre anlege? Wie lange dauert es, um die Schuldmasse abzuzahlen? Wenn ich auf ein Schiff, das in den Fernen Osten segelt, hundert Prozent Gewinn mache, lohnt es sich dann, mein Kapital ein Jahr lang festzulegen?

Das funktionierte allerdings nur, wenn sich das mathematische Symbol für Zeit, »t«, ordentlich benahm oder, wie es Mathematiker sagen, »einwertig« ist. Man kann keine Bilanzen erstellen, wenn die Zeit fraktal oder mehrdimensional ist. Für einen Buchhalter darf sich die Zeit nicht auf sich selbst zurückkrümmen, sie darf nicht mehrschichtig sein und keine reich gestaltete Oberfläche aufweisen.

Wie tiefgreifend diese Wandlung der Zeit zu einem Gebrauchsgegenstand war, läßt sich an den Redensarten ablesen: Zeit ist etwas, das man nützt oder überschreitet, das man verschleudert oder verschwendet, von dem man nie genug hat und das man trotzdem, *horribile dictu,* totschlägt. Damit erst wurde der Kapitalismus und der Aufstieg internationaler Unternehmen möglich. Zeit mußte Geld sein, und Geld wird durch Zahlen bestimmt.

Die abstrakte, numerische Zeit eignete sich auch hervorragend für die Physik. Gleichungen funktionieren nur, wenn Zeit ein Zahlenwert auf einer Geraden ist. In der Physik ist für Bruchstücke oder Klumpen von Zeit kein Raum; kein »Sandkorn« darf das Universum des Uhrmachers stocken lassen. Die Zeit der Naturwissenschaften und des Handels begann das Bewußtsein zu prägen. So wurde Zeit, Stück für Stück, mechanisch und monolithisch.

Heute ist die Zeit häufig mit einer Eisenbahnreise vergleichbar. Wir haben die Station unserer Geburt verlassen und befinden uns auf dem Weg zur Endstation. Das Leben und alles, was wir erlebt haben, bleibt auf den Schienensträngen der Zeit zurück. Die Zeit ist nicht mehr Freund und Gefährte, sondern etwas, das schnell zurückzulegen ist, so wie der Zug seine Strecke zurücklegt. Und die noch verbliebene Zeit versucht man verzweifelt zu füllen. So unterteilt man die Reise auf den Schienen der Zeit in Monate, Wochen, Tage, Stunden, Minuten, Sekunden und, falls man an einem Computer arbeitet, in Mikrosekunden. Es muß immer ein bestimmter Betrag an Arbeit in einer vorgegebenen Zeitspanne geleistet werden.

Diese Haltung findet auch in dem Bild Ausdruck, das man sich gewöhnlich von der Geschichte macht. Sie gleicht einer Prozession entlang eines Wegs, dessen Meilensteine mit Schlachten, dem Tod von Königen und Präsidentenwahlen markiert sind. Virginia Woolf schlug eine andere Art Geschichte vor, eine, die

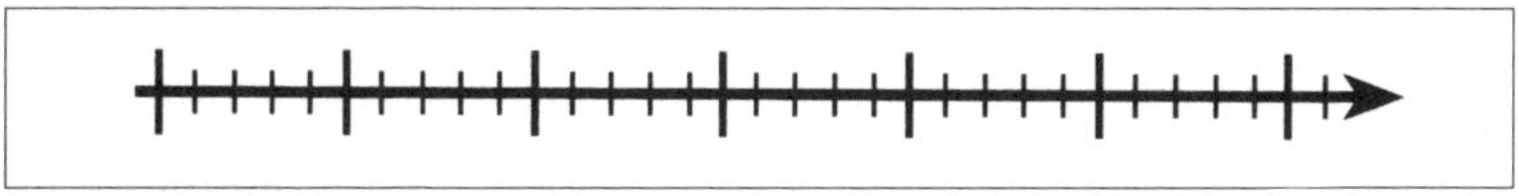

Der Strang der mechanischen Zeit.

geprägt ist von den Frauen und ihren zahllosen kleinen Handlungen, ihrer Fürsorge und Pflege, durch die sie die Gesellschaft zusammenhalten. Damit widerspricht sie der Vorstellung einer historischen Zeit, die durch dramatische »Ereignisse« entlang einer Zeitachse gekennzeichnet ist. Ihr zufolge liege die wahre Bedeutung der Zeit im Bereich der menschlichen Interaktionen, den gefalteten und vielschichtigen Augenblicken zwischenmenschlichen Kontakts.

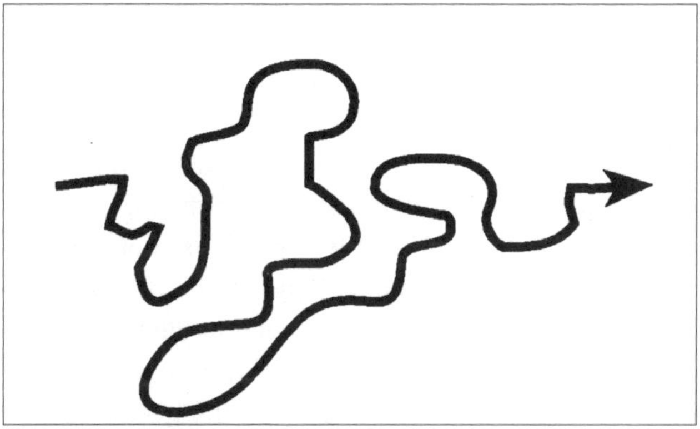

Eine Darstellung der fraktalen Zeit.

Fraktale sind selbstähnlich, ebenso verhält es sich mit der fraktalen Zeit. In einem Kunstwerk spiegelt sich in jedem seiner Teile metaphorisch die Bewegung des Ganzen. In einem großen Musikstück, in einem Streichquartett von Beethoven zum Beispiel, wird eine fraktale selbstähnliche Zeit realisiert. Zeit kommt in den nuanciert wechselnden Tempi zum Ausdruck – wie das Wasser in einem felsigen Gebirgsbach: sie schäumt, sprudelt, teilt sich, umfließt Hindernisse, vereinigt sich wieder, bildet Wirbel, steht still in abseitigen Stellen, schießt hervor und glitzert im Licht und in der Dunkelheit. Musik lädt dazu ein, sich auf jeden Augenblick einzulassen, während sie in immer neue Richtungen, in immer neuen Variationen davonströmt. Aber auch hier entkommt man nicht dem Paradoxon: Jeder Augenblick ist neu, dennoch erinnert er die vergangenen und zukünftigen Augenblicke.

Psychiatern zufolge entfaltet sich im menschlichen Gehirn ein Traum in nur wenigen Sekunden, dennoch kann er eine lange und komplexe Geschichte erzählen. Ein Traum ist ein Mikrokosmos des Lebens, da in ihm, so eine Lesart, existentielle Themen oder »Überlebensstrategien«, wie ein Traumforscher sie genannt hat, zur Aufführung kommen.[2] Neurophysiologen vertreten die Ansicht, unser Gehirn erinnere ein Ereignis immer ein wenig anders. Jede Erinnerung unterliege den Veränderungen, die sich ständig im Gehirn vollziehen. Jedes erinnerte Ereignis sei sowohl das Ereignis, an das man sich bereits früher erinnert hat, und zugleich ein ganz neues Ereignis. Jede Erinnerung schließt sich an die Gesamtstruktur des Bewußtseins an – so wie Proust in seiner berühmten Betrachtung über die Zeit sagt: »Aber wenn von einer früheren Vergangenheit nichts existiert nach dem Ableben der Personen, dem Untergang der Dinge, so werden allein, zerbrechlicher aber lebendiger, immateriell und doch haltbar, beständig und treu Geruch und Geschmack noch lange wie irrende Seelen ihr Leben weiterführen, sich erinnern, warten, hoffen, auf den Trümmern alles übrigen und in einem beinahe unwirklich winzigen Tröpfchen das unermeßliche Gebäude der Erinnerung unfehlbar in sich tragen.«[3]

Vielleicht ist jedes »Ereignis«, vielleicht sogar jeder einzelne Augenblick in unserem Leben ein fraktaler Mikrokosmos des gesamten Lebens.

Die elastischen Uhren der Natur

Alles, vom Atom bis zur Zelle, vom Baum bis zum Kosmos, trägt in sich eine innere Uhr, die das individuelle Verstreichen der Zeit mißt – alle Vorgänge und Geschehen, die vom einzelnen erfahren werden. Zu den Aussagen der Chaostheorie gehört, daß Systeme zur Selbstorganisation neigen; sie bewahren ihr inneres Gleichgewicht, während sie für die äußere Welt bis zu einem bestimmten Grad offenbleiben. Etwas Ähnliches geschieht mit der Zeit. Jedes Element eines Systems besitzt seine eigene Uhr, ein einzigartiges Meßinstrument für alle inneren Vorgänge, die in Hinblick auf die äußere Umgebung ablaufen. Bei der Selbstorganisation größerer Systeme koppeln sich die inneren »Uhren« der kleinen Systeme zusammen.

Die Rhythmen der Zeit reichen vom schnellen Ticken des Atoms bis zur Ausdehnung des gesamten Kosmos. Zeit entfaltet sich in den geologischen Vorgängen der Erde, dem Wechsel der Jahreszeiten, dem Leben einer Fliege. Jedes System enthält sein eigenes Zeitmaß, und da Systeme sich mit der Umgebung verknüpfen, nimmt die Komplexität der Zeit zu; sie wird mehrdimensional.

Jeder Mensch besteht aus einer Vielzahl innerer Uhren. Zellen haben ihre eigenen Zeitwächter, die biochemische Prozesse an- und ausschalten. Sie organisieren sich zu Organen, deren innere Uhren sie anweisen, Hormone und andere chemische Stoffe auszuschütten. Durch diese chemischen Botschafter werden im größeren selbstorganisierten Körpersystem die Zeitrhythmen der verschiedenen Organe miteinander verknüpft. Einige der Uhren auf der Subsystemebene operieren auf Grenzzykeln – der weibliche Menstruationszyklus zum Beispiel, der tageszeitabhängige Stoffwechsel oder der Schlaf- und Wachzyklus. Andere innere Uhren – wie die vielen Rhythmen unseres Bewußtseins – sind für Umwelteinflüsse offener.

Nimmt das Gehirn eine bedrohliche Situation wahr, werden die normalen Zyklen mancher Organe von einer Vielzahl von Signalen überschwemmt. Adrenalin wird ausgeschüttet, das den regelmäßigen Herzschlag beschleunigt. Andere Sekrete lassen die Blutgefäße kontrahieren, das Blut sammelt sich in den inneren Organen, so daß zum Beispiel die Folgen einer äußerlichen Wunde gemindert werden. Blutgerinnende Stoffe zirkulieren im Blutkreislauf, die Atmung wird schneller. Unter unmittelbarer

Bedrohung ändert sich das gesamte Wesen der inneren Zeit, so daß der Sprung eines angreifenden Tiers, die Kollision mit einem Fahrzeug in Zeitlupe ablaufen.

Die elektrochemischen Aktivitäten des Gehirns sind ein Maß für die lebendige Zeit; eine Zeit, die ein gesundes Gleichgewicht zwischen restriktiver Ordnung und exzessivem Chaos einhält. Wissenschaftler klassifizieren die verschiedenen Bewußtseinszustände – aktives Denken, Traum, Tiefschlaf, Bewußtlosigkeit, Koma – hinsichtlich der fraktalen Dimension der elektrischen Gehirntätigkeiten. Das alles deutet darauf hin, daß die Gegenwart der Zeit, die Zeit der Wahrnehmung und des Denkens, äußerst komplex und mehrdimensional ist.

Wie bereits gezeigt, opfern selbstorganisierte Systeme einen Teil der ihren Elementen eingeschriebenen Individualität zugunsten des Kollektivs. Diese verborgenen Freiheitsgrade sind allerdings immer präsent und können das System zu jedem Zeitpunkt aktivieren. Das Gehirn agiert mit einer Vielzahl innerer Uhren. Manche davon werden bewußt wahrgenommen – wenn man über ein Schachproblem nachdenkt oder zu erklären versucht, warum die Wirtschaft sich auch dieses Jahr nicht erholen wird. Andere jedoch – die Steuerung der Atmung und der Körpertemperatur, die Fähigkeit zur Orientierung und Erinnerung – operieren unbewußt. Kurz gesagt, die körperliche Erfahrung der Zeit ist ungemein vielfältig.

Eine der vielen inneren Uhren schlägt buchstäblich ihren eigenen Rhythmus – das Herz. Er läßt sich in allen Kulturen der Welt wiederfinden, bei den von Trommeln begleiteten Ritualen in afrikanischen Dorfgemeinschaften ebenso wie beim Rave in einer Londoner Fabrikhalle. Diese natürliche Uhr aber ist, wie bereits gezeigt, von fraktaler Natur. Die stampfenden Füße der Tänzer, der Trommelschlag eines Jazz-Musikers, der vom Dirigenten vorgegebene Takt sind niemals ganz exakt und auf mechanische Weise metronomisch. Computeranalysen belegen, daß die rhythmischen Intervalle wie bei einem gesunden Herzschlag immer leicht variieren. Erst durch diese fraktalen Fluktuationen innerhalb des Gleichmaßes wird die Musik lebendig. Das Herz, das sich in einen Grenzzykel einschließt, ist auf dem besten Weg zu einem Infarkt. Das Herz aber, das offenbleibt und fraktal, ist lebendig.

Es wird der menschlichen Empfindung gerechter, wenn Zeit als Maß für die Prozesse gesehen wird, die mit der Umwelt in Berührung stehen, statt sie als eine in gleichmäßigen Intervallen tickende Uhr aufzufassen. Betrachtet man Zeitlupen- oder Zeitrafferaufnahmen, bekommt man ein Gespür für die verschiedenen »Zeiten« eines Prozesses. In der Zeitlupensequenz eines laufenden Athleten sieht man die in den verschiedenen Körperteilen auftretenden fraktalen Bewegungen. Bei der Zeitrafferaufnahme von Wolken über einer Landschaft oder von wachsenden Pflanzen werden die verborgenen Triebkräfte sichtbar, die sich über einen längeren Zeitraum entwickeln.

Für polynesische Inselbewohner stellen der Sonnenauf- und Sonnenuntergang Momente dar, in denen besonders viel geschieht. In diesem relativ kurzen Zeitraum ändert sich das Licht, der Himmel durchläuft ein weites Farbenspektrum. Für die Polynesier sind es die Zeiten, in denen die Boote zu Wasser gelassen werden und der Fischfang beginnt. Folglich vergehen in dieser Zeitspanne einige »Stunden«, von denen manche aber nur zehn Minuten dauern. Aber diese »Stunden« sind vollgepackt mit Aktivität. Während des Tags, wenn die Sonne hoch am Himmel steht, dösen die Menschen vor sich hin oder verrichten nur ein Minimum an Arbeit. Die »Stunde« kann dann über hundert Minuten unserer Zeitvorstellung dauern. Mathematisch korrekt müßte man sagen, die Stunden der Inselbewohner sind verschieden lang. Dem würden sie allerdings aufgrund ihrer langen Lebenserfahrung in einer Welt, die sich zweimal am Tag rapide verändert, entgegenhalten, daß jede Stunde gleich lang sei, denn in allen finden gleich viele Aktivitäten statt.

Die Polynesier leben mit dem Zeitfluß ihrer Welt in Harmonie. Wenn die variablen Stunden ein wenig seltsam erscheinen, dann deswegen, weil man darauf konditioniert ist, das eigene Leben mit der mechanischen Uhrzeit der industriellen Umgebung zu synchronisieren. Die Synchronisation gelingt natürlich niemals ganz, da sich auch unsere innere Erfahrungszeit dagegen sperrt, in gleichmäßige Intervalle gefaßt zu werden. Das größte Problem ergibt sich jedoch aus der weitverbreiteten Illusion, daß nur die externe Zeit der Uhr real sei und man sich ihr daher zu fügen hätte. Fast schon ironisch mutet es an, daß eine populäre Gameshow *»Beat the clock«* heißt; ironisch deshalb, da die Uhr das einzige in der modernen Welt ist, gegen das man nicht bestehen kann. Versucht man diesen Kampf zu gewinnen, nimmt man selber mechanische Verhaltensweisen an; man wird nervös, wirkt zerfahren, gestreßt und ist von seinem inneren Wesen abgeschnitten.

David Shenk, Autor von *Data Smog: Surviving the Information Glut*, sagt, viele seien bereits so im Tempo der Computer (deren Rechengeschwindigkeit alle paar Monate zunimmt) gefangen, daß sie sich wie Menschen im Fahrstuhl verhalten, die sinnlos auf den Knopf für das Erdgeschoß einhämmern, um die Fahrt zu beschleunigen. »In unserem zwanghaften Unterfangen, die Effizienz zu steigern«, sagt Shenk, »vergessen wir leicht, daß intelligente Arbeit nicht nur eine Frage der Rechengeschwindigkeit ist. Das sieht man an den Rechtschreibfehlern und fehlenden Wörtern bei den täglich eingehenden E-Mails. Gute Arbeit braucht Zeit und Geduld.«[4]

Je mehr man versucht, die innere Flexibilität mit dem externen Schlagen der mechanischen Zeit (wie der Rechengeschwindigkeit eines Computers) zu koppeln, um so stärker ist die eigene Selbstorganisation gefährdet. Allgemein weist die Chaostheorie darauf hin, daß man den Austausch suchen, im Zentrum der Komplexität leben und die Rückkoppelungsschleifen mit der Welt anreichern sollte. In diesem Fall schlägt sie vor, das Band mit der reichhaltigen Zeit der Natur und der eigenen inneren Uhr wiederherzustellen.

Die Zeit zieht sich in die Länge, wenn man sich langweilt; ist man jedoch beschäftigt, kann ein ganzer Nachmittag dahinfliegen. In welcher Situation hat man »mehr Zeit«? Im konventionellen mechanischen Modell würde man sagen, daß beide Zeiten von gleicher Dauer seien. Fliegt jedoch der Nachmittag nur so dahin, hat man das Gefühl, daß man nicht genug Zeit hätte. Versucht man die innere Zeit mit der Uhr zu messen, stiftet dies bei der Frage, »wieviel« Zeit einem zur Verfügung steht, nur Verwirrung. Die fraktale Perspektive läßt jedoch eine andere Frage zu: Welche Zeit ist erfüllter? Langeweile hinterläßt leere Zeit. Leidenschaft und Enthusiasmus machen die Zeit voller. Man braucht also nicht »mehr Zeit«, sondern eine erfülltere Zeit – nicht in dem Sinne, daß man in ihr viele Dinge »erledigt«, sondern daß man an den Prozessen, die stattfinden, teilhat.

Die Tatsache, daß Zeit ein Prozeß ist, zeigt sich, wenn man auf Menschen trifft, die sich von der Bewegung der Zeit abkapseln. In Charles Dickens' *Große Erwartungen* verschließt sich Miss Havisham, die am Vorabend ihrer Hochzeit vom Bräutigam verlassen wurde, der Zeit und lebt nur noch – gekleidet in ihrem Hochzeitsgewand – in diesem einzigen, eingefrorenen Augenblick. Da sie sich ihrem traumatischen Schicksal nicht stellen kann, hält sie die Uhr an und weigert sich, weiterhin an der Erfahrung der Zeit teilzunehmen. Sie kann nur überleben, wenn sie in diesem kurzen glücklichen Augenblick lebt, bevor ihr die schreckliche Nachricht überbracht wurde.

In William Faulkners Erzählung *A Rose for Emily* versucht die Hauptfigur ebenfalls, die Zeit stillstehen zu lassen. Faulkner aber macht unmißverständlich deutlich, daß der Versuch, die Zeit anzuhalten, nur die gegenteilige Wirkung erzeugt: der natürliche Alterungsprozeß wird so zu einem Zustand der Versteinerung, der Isolation und des lebendigen Tods.

Miss Haversham und Emily sind literarische Charaktere, aber wahrscheinlich kennt jeder Menschen, die in ihrem Leben bis zu einem gewissen Grad versuchen, die Zeit anzuhalten. Jeder ist bereits dem Typus des Vierzigjährigen begegnet, der körperlich jünger wirkt und mit der überbordenden Energie und dem Enthusiasmus eines Teenagers ausgestattet ist. Psychologen bezeichnen ihn als *Puer aeternus*, den ewigen Jugendlichen, der die Verantwortung des reifen Alters scheut, vor Entscheidungen zurückschreckt und sich von den Lebensprozessen abkapselt. Das gesamte Leben des *Puer* wartet darauf, gelebt zu werden. Er ist ständig am Pläneschmieden, kommt jedoch nie zu einer Entscheidung. Da er sich von der Zeit isoliert, kann sein Körper jugendhaft bleiben, allerdings muß er dafür sein unbestimmtes, ausweichendes Verhalten in Kauf nehmen. Seine Beziehungen zur Welt sind also stark eingeschränkt, und wenn sich in seinem Gesicht keine Falten zeigen, dann wegen des Chaos, das er fortlaufend um sich herum erzeugt.

Sein Gegenpart ist jemand, der im Alter von fünfundzwanzig oder dreißig Jahren frühzeitig gealtert, ernsthaft, pessimistisch, distanziert und vertrocknet erscheint. Der *Puer* wird mit dem flügeltragenden Götterboten Merkur in Beziehung gesetzt, während der sogenannte *Senex*-Typ mit Saturn identifiziert wird, dem Überbringer des hohen Alters. Der *Puer* nimmt sich aus jedem Prozeß heraus, um dem Altern zu entgehen. Der *Senex* nimmt den Punkt am Ende der Zeitlinie ständig vorweg.

Senex und *Puer*, die negativen Extreme einer unausgewogenen Persönlichkeit, zeigen, wie wenig das körperliche und geistige Alter mit der Uhr und dem Kalender zu tun haben, sondern von der Art und Weise abhängen, wie sich jeder zu den Lebensprozessen verhält. Und jeder kennt alte Menschen, die noch immer aktiv und kreativ sind – nicht weil sie versuchen, jung zu bleiben, sondern weil sie ihre Fähigkeit, sich in die Fülle der Zeit zu begeben, ständig pflegen und neu entdecken.

Kreative Zeit

Ein Töpfer, der nun in Irland nach der japanischen Raku-Methode arbeitet (eine besondere Methode der Gefäßherstellung für die Teezeremonie), beschreibt sein kreatives Zusammentreffen mit der Zeit: »Die Leute sehen mir zu, wie ich eine Kanne aus dem Ofen hole. Das geht alles sehr schnell, aber ich bin in jeder Millisekunde präsent, und jeder Augenblick ist anders. In diesem Bruchteil einer Sekunde geschieht unglaublich viel – ich fasse die Kanne mit den Zangen, hole sie heraus und setze sie dem Sauerstoff der Luft aus. Unglaubliche chemische Prozesse laufen hier ab, und ich muß jeden Augenblick dabeisein. Bringe ich nicht das richtige Bewußtsein mit, mißlingt die Kanne. Auch wenn man weiß, daß die Temperatur stimmt, so kann man sie nicht mit einem Thermometer messen oder eine Uhr benützen. Es ist beinahe etwas, das man nicht sehen kann, weil der Ofen so heiß ist. Ein funkensprühender Geistesblitz. Man muß dabeisein und die Zeit in sich spüren.«

Im Augenblick zu sein heißt, sich in die turbulente Wand des Wirbels zu begeben, wo die Bewegung zwischen dem Ich und Nicht-Ich stattfindet. Für kreative Menschen ist diese Zeit der »Augenblick der Wahrheit« – die Zeit, in der sie erfahren, was es heißt, authentisch zu sein.

Bei einem mechanischen Zeitmeßgerät erfährt man Zeit als Einkaufskorb, der bis zum Rand gefüllt sein muß. Für das Wochenende stehen eine bestimmte Anzahl von Arbeiten an, und man weiß, daß man nicht alle schaffen kann. Also hetzt man sich, durcheilt die Dinge und verliert die Freude am Leben. Der Tag eines Angestellten beginnt vielleicht mit einem Arbeitsfrühstück, es folgen ein eiliges Mittagessen und ein Geschäftsessen am Abend, bei dem Verhandlungsprobleme die Freude an den Speisen zunichte machen.

Andere arbeiten ebenso hart, scheinen jedoch immer Zeit für ein entspanntes Abendessen zu finden. Es ist ihnen sehr wichtig, und sie achten auf die Zeit, die dem Essen gewidmet ist. Es wird nicht vor dem Fernsehapparat hinuntergeschlungen, sondern ist für die gesamte Familie ein Akt der Erneuerung. Das Essen ist etwas, das man genießt, und ein Teil des Vergnügens besteht aus der kostbaren Zeit, die man mit Gesprächen am Tisch verbringt.

Geht man so mit der Zeit um, entdeckt jeder seine individuellen Tagesrhythmen. Man tritt in die Zeit ein, die für jede Aufgabe notwendig ist, und erfährt so eine gleichzeitige Vielfalt von Zeiten. Die individuelle Kreativität verlangt, daß sich jede Tätigkeit in seiner eigenen Zeit entfaltet. Zen-Maler können Stunden, Tage oder sogar Monate mit Meditationen vor einem leeren Blatt Papier zubringen, und dann lassen sie in einem wahren Crescendo an Gesten und Bewegungen einen Schmetterling auf einer Bambussprosse entstehen. Man kann sich fragen: »Wieviel Zeit brauchte der Künstler für die Zeichnung?« Eine Sekunde? Oder einige Monate? Jahre? Vielleicht war ein ganzes Leben notwendig, bevor diese Handbewegung möglich wurde.[5]

Kreative Menschen – und wir alle sind kreativ – brauchen (gemessen nach der Uhr) viel Zeit, in der sie einfach »nichts tun«. Für ihre Umgebung scheinen sie Tagträumen nachzuhängen oder herumzualbern. Innerlich aber stellen sie die Beziehung zu der Zeit ihrer Arbeit, ihren nuancierten Rhythmen und fraktalen Strukturen her. Die Schauspielerin Glenda Jackson verglich die Zeit, die nötig ist, um während der Proben in eine Rolle hineinzuwachsen, mit »einem Brot, das in den Ofen geschoben wird«. Ihre Bemerkung ist, ohne daß sie das gewollt hätte, alchimistisch, ruft sie doch die Vorstellung wach, daß Materie in ein alchimistisches Gefäß eingeschlossen und in das heiße Innere eines Ofens gelegt wird. Zu den wesentlichen Grundsätzen der Alchimie gehört, daß jede Stufe eine bestimmte Zeitdauer benötigt – was viele Psychologen als Metapher für die innere Entwicklung des Menschen sehen. Die »Arbeit«, wie das alchimistische Projekt genannt wird, kann nicht beschleunigt oder verlangsamt werden. Jeder Zustand, jede Stufe braucht seine eigene Zeit.

Kreativität verlangt daher manchmal lange Zeitabschnitte scheinbarer Untätigkeit. Sie kann aber auch mit einem erstaunlichen

Tempo hervorbrechen, so daß in kurzer Zeit unheimlich viel weggeschafft wird. Der Psychologe Howard Gruber meint, kreative Menschen betreiben ein ganzes »Netzwerk von Unternehmungen« und beschäftigen sich mit vielfältigen Arbeiten, die, obwohl in sich verschieden, letztendlich doch alle zusammenlaufen. Charles Darwin führte Notizbücher über ein breites Spektrum wissenschaftlicher Gebiete wie die Zoologie und Geologie. Jedes Gebiet stand natürlich für sich, aber schließlich liefen sie alle zusammen und ermöglichten ihm, das Rätsel der Evolution zu lösen. Ein kreatives Leben erfordert, daß man den Dingen ihre Aufmerksamkeit schenkt, so daß sich jedes aus dem fördernden Kontext der anderen kreativen »Unternehmungen« entwickeln kann.

Es stimmt daher nicht, daß kreative Menschen schneller oder härter arbeiten oder eine größere Anzahl von Aktivitäten in einen Tag packen können. Ihre vielen Arbeiten finden gleichzeitig statt, jede in ihrer eigenen Zeit; diese Zeiten verknüpfen sich miteinander und spenden sich gegenseitig Energie. Wollte man auf einem linearen Zeitplan den gesamten Zeitbetrag aufführen, der an einem kreativen Tag anfällt, würde er wahrscheinlich die vierundzwanzig Stunden überschreiten. Schöpferische Menschen verbünden sich jedoch mit den fraktalen Dimensionen der Zeit, und im Gegenzug gibt ihnen die Zeit jene Zeit, die sie brauchen. Diese reiche und kostbare Zeit ist allen verfügbar. Unsere industrielle Gesellschaft hat uns jedoch darauf konditioniert, Zeit nicht in dieser Weise wahrzunehmen. Oft wird man des Dilettantismus beschuldigt, man gilt als unkonzentriert, fahrig, man springe von dem einen zum nächsten, wenn man versucht, mehrere Aufgaben oder Interessen gleichzeitig zu verfolgen.

Andererseits wird einem gesagt, man verschwende Zeit, wenn man meditierend im Bürostuhl sitzt. Bill, ein Physiker, der für eine Forschungseinrichtung arbeitete, stellte eines Tages einen großen Sessel in sein Büro. Danach gefragt, sagte er, er liebe es, darin zu sitzen und vor sich hin zu träumen, vielleicht auch nachmittags ein wenig zu dösen. Sein Chef war entsetzt. »Sie werden nicht fürs Schlafen bezahlt; die Zeit, die Sie hier sind, haben Sie mit Arbeit zu verbringen.« Es half nicht, daß Bill darauf hinwies, daß er weit mehr als seine Kollegen publizierte - um zu neuen Ideen zu kommen, mußte er aber seinen Tagträumen nachhängen können. Damit trat er in die Fülle der Zeit ein. Für den Bürokraten war es nur Verschwendung von Zeit, die sein Unternehmen zu zahlen hatte.

Und daher scheinen viele nur einer Tätigkeit nachzugehen und sind doch erschöpft, wenn sie nach Hause kommen. Ein Bild zu malen, seine Memoiren zu schreiben sind Dinge, die aufs Wochenende oder die Zeit nach der Pensionierung verschoben werden, dann, wenn - hoffentlich - mehr Zeit vorhanden ist. Aber tief im Innern weiß man, daß man es dann nicht tun wird. Denn die Zeit, die man wirklich will, ist die fraktale Zeit hier und jetzt.

7. LEKTION

Wiedereintritt in das Ganze

Die neue Wahrnehmung

Wenn man zum ersten Mal eine der atemberaubenden Aufnahmen der Erde aus dem Weltall sieht, so dürfte der Anblick des tiefblauen, wolkenverhangenen Globus mit seinen fraktalen Gebilden, seinen Kontinenten, Inseln, Wüsten, Flüssen, Bergen, Seen und polaren Eiskappen für viele das tiefe, bewegende Gefühl des Mysteriösen, wenn nicht gar des Spirituellen wachgerufen haben.

Für den Astronauten Edgar Mitchell war diese Erfahrung ein flüchtiger Blick auf das »Göttliche«. Er war tief bewegt von »diesem blau-weißen, dahingleitenden Planeten, von dem wir wissen, daß er seine Bahn um die Sonne zieht. [Dieses Gefühl] erwuchs aus dem Anblick der Sonne vor dem samtig tiefschwarzen Kosmos, der nicht nur ahnen läßt, sondern die Gewißheit vermittelt, daß im Strom von Energie, Zeit und Raum im Weltall etwas Zweckvolles liegt, daß dies menschliches Verstehen übersteigt und daß sich dem Verstehen ein nichtrationaler Weg erschließt, der mir in meiner bisherigen Erfahrungswelt unzugänglich geblieben war.« Und während des Rückwegs vom Mond staunte er »über 400 000 Kilometer hinweg die Sterne und den Planeten an, von dem ich gekommen war. Da spürte ich mit einem Male die Intelligenz, die Liebe und die Harmonie im Universum.«[1]

Für den russischen Kosmonauten Aleksej Leonow war die Erde, die er von seinem Raumschiff aus sah, »so klein, blau und rührend einsam – unsere Heimstatt, die wir erhalten müssen«.[2]

Lewis Thomas fühlte sich von diesen Fotografien dazu veranlaßt, die Erde mit einer Zelle im menschlichen Körper zu vergleichen. Zellen sind flüssig gefüllte Membranen, die Mitochondrien, Ribo-

©NASA

somen, Zentriolen und »einige andere obskure und winzige Wesen« enthalten, die alle auf ihre eigene Geschichte und eine eigenständige Evolution zurückblicken können. Auf wunderbare Weise finden sie hier alle zusammen und bilden eine vollständig unabhängige Einheit. Eine einzige Zelle, meint Thomas, sei ein Mikrokosmos dessen, was das Leben auf der Erde geschaffen hat. Dieses vom Weltraum aufgenommene Bild der Erde ist jedoch nicht frei von Ironie. Warum zum Beispiel bedurfte es erst der Technologie der modernen Industriegesellschaft und des Konkurrenzkampfs um die Vorherrschaft im All, um eine Position zu gewinnen, aus der der Mensch die Ganzheit des Lebens wahrnehmen kann – etwas, das jeder erkennen könnte, da er es in seinem Innersten immer bereits wußte?

Des weiteren: Hinter diesem Bild, das die Ganzheit des Lebens offenbart, sind nationale Grenzen zu erkennen, Besitzansprüche, Handelswege, religiöse und ethnische Konflikte, Konkurrenzkämpfe, politische Unruhen und nicht zuletzt das menschliche Ego. Die Erde, die der Mensch in den letzten wenigen hundert Jahren schuf – eine Erde, auf der durch Einwirkung des Menschen die Ozonschicht zerstört, die Regenwälder abgeholzt und Tausende von Tier- und Pflanzenarten systematisch ausgerottet werden –, ist das genaue Gegenteil dieser fließenden, einheitlichen, faszinierend schönen »Zelle«, die einige Menschen vom Weltall aus gesehen haben.

Das Bedeutsame an diesem Bild des blauen Planeten aber ist die damit einhergehende Wahrnehmungsverschiebung, die weit mehr ist als nur ein Wechsel des Betrachterstandpunkts. Es handelt sich dabei nämlich um eine subtile geistige Verschiebung, um die Reorganisation der menschlichen Wahrnehmung.

Der Schriftsteller und Physiker Fritjof Capra glaubt, der Mensch durchlaufe im Moment eine »Krise der Wahrnehmung«. Der fragmentierte analytische Blick auf die Realität, der bislang unser Leben bestimmte, werde, so argumentiert Capra, der überbevölkerten Welt, in der alles mit allem verbunden ist, nicht mehr gerecht.[3] Unsere Weltsicht ist das Medium, in dem wir geistig schwimmen. Sie ist so sehr Teil der Umgebung, daß sie für selbstverständlich gilt und ihr alles bestimmender Einfluß nicht mehr wahrgenommen wird. Sieht man jedoch die Erde vom Weltall aus, wird ein Bild wachgerufen, das sich vom gewohnten in drastischer Weise unterscheidet.

Wie dieses Bild unseres Heimatplaneten führt auch die Chaostheorie zu einer Wahrnehmung und dem damit verbundenen Konzept einer Welt, in der alles mit allem verbunden ist – einer organischen, fugenlosen, fließenden, ganzheitlichen Welt.

Ganzheitlichkeit ist das zentrale Thema aller mystischen Offenbarungen. Hindus suchen die Einheit der individuellen Seele, des

Für die Religionen der Welt ist der Kosmos eine unteilbare Einheit. Mahabalipurum, ein alter Hindu-Tempel und ein Spiegel dieser kosmischen Ganzheit, wurde mitsamt seinen Göttergestalten aus einem einzigen Steinblock gehauen.
©John Briggs

»Atman«, im Ganzen des »Brahman«. Für christliche Mystiker wie dem heiligen Bernhard von Clairvaux aus dem 12. oder der heiligen Katharina von Siena aus dem 14. Jahrhundert überwand die Totalität der göttlichen Liebe alle menschlichen Widersprüche. In vielen traditionellen Kulturen gehört Ganzheitlichkeit zum Alltag. Wenn Indianer in Zeremonien von ihren »Verwandten« sprechen, drücken sie damit nicht nur ihre Verbundenheit mit den Mitgliedern ihrer Gruppe aus, sondern auch mit den Pflanzen und Tieren, Felsen, Bäumen und Flüssen, dem Aufenthaltsort des Himmels und der Seele der Erde, ihren Vorfahren und Nachkommen und den vielfältigen Energien, die den Kosmos antreiben.

Das *I Ging* basiert auf einer ganzheitlichen Kosmologie, aufgrund der sich die Beziehungen zwischen Himmel und Erde, den Ber-

Der chinesische *Tai-Chi*-Kreis ist die symbolische Darstellung des dynamischen Spiels zwischen hell und dunkel, aktiv und passiv, klar und unklar, Himmel und Erde, Sein und Nicht-Sein. Bei manchen Versionen des Symbols ist auch die geschwungene Linie innerhalb des Kreises, die die beiden Teile voneinander abgrenzt, gewellt und fließend – ein eindeutiges Bild für den kontinuierlichen, nicht definierbaren, ganzheitlichen Fluß.

gen, dem Feuer, dem Wind und den Wäldern im Staat, in der Familie und im Leben des einzelnen widerspiegeln. Und wenn mittelalterliche Alchimisten in ihren Laboratorien den Stein des Weisen destillieren wollten, dann wetteiferten sie mit dem Ganzen, indem sie sich auf einen urtümlichen Schöpfungsakt einließen. Das *I Ging* und die Alchimie sind Beispiele für Gedankengebäude, in denen sich das kosmische Ganze in jedem seiner Teile selbstähnlich widerspiegelt.

Die alte Wahrnehmungsverschiebung: Vom Schlaf des Holismus zum Aufstieg des Mechanistischen

Die Chaostheorie erweckt nicht nur wieder das alte Verständnis des Universums als Ganzes, sondern liefert dazu auch einige neue Einsichten. Zum Teil liegt dies an der Tatsache, daß diese neue ganzheitliche Perspektive aus einer mechanistischen Sicht entstand. Diese Sicht, die Antithese zum Ganzheitlichen, bestimmte die letzten Jahrhunderte und war – ironischerweise – wiederum einer holistischen Perspektive entsprungen, jener, die im Mittelalter existiert hatte. Die kulturellen Wahrnehmungsverschiebungen, von denen hier die Rede ist, waren Ereignisse, welche die Denkweise und das Verhalten der Menschen drastisch veränderten. Welch revolutionäre Auswirkungen die durch die Chaostheorie dargebotene neue Wahrnehmung in sich trägt, läßt sich am besten verdeutlichen, wenn man eine dieser Verschiebungen etwas genauer betrachtet.

In der Zeit des Mittelalters, etwa von 600 bis 1400 n. Chr., war das europäische Denken von der Vorstellung des Ganzen geprägt. Die Erde wurde als lebendiges Wesen gesehen, und der Künstler galt als die Hebamme der Natur. Metalle wuchsen im Schoß der Erde; Bergleute, Eisengießer, Metallarbeiter und Goldschmiede vollführten die geheiligte Aufgabe, der Natur zur Vervollkommnung zu verhelfen. Mittelalterliche Astrologen hingen dem Glauben an, daß Wesen und Schicksal alles irdischen Lebens in Einklang stehen mit der Bewegung der Sterne am Himmel: »Wie im Himmel, so auf Erden.«

Als der Abt Sugerus im 12. Jahrhundert den Bau der Klosterkirche St. Denis anordnete, war Schönheit für ihn nicht etwas, das das Auge erfreute, sondern Ausdruck einer universalen Güte und Wahrheit. Gott war immanent in der Natur vorhanden, er war in den Formen, Farben und vor allem im Licht zu finden, das in die Kirche strömte. Die Kirche selbst war ein Mikrokosmos der Erde und des Kosmos.[4] Die Wörter »Güte«, »Wahrheit« und »Gott« wurzelten in der Vorstellung eines einen, einzigen Kosmos.

Dantes *Göttliche Komödie* ist eine große poetische Metapher für die göttliche ganzheitliche Ordnung. Seine Kreise, die wieder anderen Kreisen eingeschrieben sind, liefern ein Bild für den Himmel, den astronomischen Kosmos, die menschliche Gesellschaft, die mittelalterliche, von Wällen umgebene Stadt und für die Bewußtseinsebenen des Menschen und seiner geistigen Entwicklung.

Die Anfänge des wissenschaftlich-mechanistischen Weltbilds nahmen vor etwa achthundert Jahren Gestalt an, als sich die europäische Psyche vom Rest des irdischen Lebens zu differenzieren begann. Über die nächsten Jahrhunderte hinweg wurde die Natur allmählich objektiviert und externalisiert, und im Zuge dessen bildete sich ein Menschenbild heraus, in dem der einzelne als separates Individuum mit eigenständigen Wünschen und einem Innenleben gesehen wurde.

Diese Veränderung läßt sich auch an der Bedeutungsverschiebung des lateinischen Wortes *conscius* (»mitwissend«) festmachen; bis zur Renaissance bezog es sich auf das, was die Menschen zusammen und miteinander wußten. Erst ab dem 15. Jahrhundert wurde daraus im romanischen und angelsächsischen Sprachraum der Begriff für Bewußtsein *(consciousness)*, die grundlegende Eigenschaft der Individualität und ausschließliches Eigentum des einzelnen, der sich seiner bewußt ist.[5]

Historiker weisen auf zahlreiche Einflüsse hin, die zu diesem Wandel während der Renaissance beitrugen. Der Theologe Thomas von Aquin widersprach der Ansicht, der Mensch habe Anteil am Geschehen in der Natur. Werden Metalle oder andere Produkte bearbeitet, bleibe, so Thomas von Aquin, das Wesen der Materie unberührt, nur ihre äußere Hülle werde durch die Tätigkeit der Hände verändert – was impliziert, daß die Materie gegenüber den Handlungen und Absichten des Menschen gleichgültig, daß Natur also etwas Externes sei.[6]

Ein weiterer Einfluß ging von der Erfindung der Druckerpresse aus, wodurch jene, die des Lesens kundig waren, zu privaten, individuellen Studien angeregt wurden. Der Aufstieg der Stadtstaaten brachte einen neuen Herrschertypus mit sich: Machthaber, die ihre Position nicht durch Erbrechte, sondern aufgrund ihrer persönlichen Fähigkeiten, ihres Einflusses und Charismas erreichten. Individuum zu sein wurde zu einer Tugend. Und zur Zeit der Reformation forderte der menschliche Verstand die göttliche Offenbarung und die traditionelle Autorität der Kirche heraus.

Langsam, aber unaufhaltsam wurde das mittelalterliche Wirklichkeitsverständnis von einer grundlegenden Wandlung des menschlichen Bewußtseins durchdrungen. Die Veränderung aber ging wahrscheinlich so subtil vor sich, daß den meisten verborgen blieb, daß sie sich zu einer neuen Menschheit entwickelten.

In der Renaissance war der »Mensch« zum Maß aller Dinge geworden. Vor Shakespeare gab es im Drama die Charaktere nur äußerlich in Form der *Personas* der italienischen Commedia dell'arte oder als Manifestation der vier *Temperamente* (cholerisch, phlegmatisch, melancholisch und sanguinisch). Es war dem elisabethanischen Genie vorbehalten, selbständige Einzelcharaktere nicht nur zu verstehen, sondern ihnen – durch das Stilmittel des Monologs – auch Ausdruck zu verleihen. Erst dadurch konnte er zeigen, wie ein Hamlet oder Macbeth mit ihren inneren Widersprüchen und Beweggründen haderten. Elisabethanische Stückeschreiber setzten zwar den Monolog ein, um die Handlung voranzutreiben und dem Publikum Informationen zu liefern, Shakespeare aber machte ihn zur Arena der individuellen Psychologie – auf eine Art und Weise, die noch ein Jahrhundert zuvor unvorstellbar und unverständlich gewesen wäre.

In der bildenden Kunst porträtierte Michelangelo in seinen Gemälden reale Menschen statt im Drama der kosmischen Einheit befangene Symbole – dabei riskierte er sogar die Todesstrafe wegen Blasphemie, da er zu Studienzwecken an Leichen Sektionen vornahm.

Vor der Renaissance blieben Künstler zum überwiegenden Teil anonym, sie dienten ihren religiösen Idealen, und ihr Status unterschied sich kaum von dem der Handwerker. Der Steinmetz,

der hoch oben in der Kuppel einer gotischen Kathedrale ein Ornament anbrachte, wußte, daß niemand es sehen würde. Nur Gott wäre Zeuge seiner Arbeit, da sie Ausdruck seines Willens sei. In der Renaissance dagegen entstand der Mythos vom Künstler als Held und Genie, ein Individuum, das seiner Individualität Ausdruck verleiht und über sein Material verfügt. Die Kunst erblühte, forderte aber ihren Preis. Je mehr sich der Mensch von der Gesellschaft und der Natur absonderte, um so distanzierter und objektivierter wurde die Welt für ihn. Es ist kein Zufall, daß sich die Kunst der Renaissance vor allem mit Fragen der Perspektive auseinandersetzte, einer geometrischen Technik, bei der die Welt nach außen projiziert und von ferne, wie durch ein Fenster, gesehen wird. Andere Kulturen kannten sicherlich den Trick der Zentralperspektive, nutzten ihn aber nicht, da es das zur Erzeugung dieser Illusion notwendige Verfahren mit sich bringt, daß die Gestalt und Form der Objekte so weit verzerrt wird, bis alle ihre Linien auf den einen Zentralpunkt ausgerichtet sind. Im Grunde bedeutete das nichts anderes, als daß der jeweilige Standpunkt des Malers den zentralen Platz Gottes ersetzte.
Diese in der Renaissance entwickelte Weltsicht begann sich in den folgenden Jahrhunderten verstärkt durchzusetzen. Im frühen 17. Jahrhundert war ein *Concerto* noch ein Musikstück, in dem mehrere Instrumente harmonisch zusammenspielten. In der Mitte des 19. Jahrhunderts war es zu einem Kampf geworden, in dem eines der Instrumente, eine Violine oder ein Piano, seine individuelle Stimme gegen das gesamte Gewicht des Orchesters durchzusetzen versuchte. In der Literatur entstanden der Roman und die Biographie. Und zur Zeit Beethovens erhoben einsame Individuen ihre Fäuste gegen Gott und das Schicksal.
Die Betonung, welche die Renaissance dem Bewußtsein des Individuums beimaß, führte zu einer veränderten Naturauffassung. Natur war nur noch eine umfangreiche Ansammlung von Objekten, die der wissenschaftlichen Erforschung und dem Experiment unterzogen werden konnten. Im 17. Jahrhundert verlieh Isaac Newton den sich entwickelnden Naturwissenschaften enormen

Auftrieb, als er die von Galilei und anderen gemachten Beobachtungen über fallende Körper, schwingende Pendel und Planetenumlaufbahnen mit drei Gesetzen abstützte, welche die Funktionsweise des gesamten Kosmos zu erklären schienen.
Bereits sechzig Jahre vorher hatte der britische Philosoph Francis Bacon versichert: »Wissen ist Macht«; zu gewinnen sei dieses Wissen, indem man die Natur auf die Streckbank der Wissenschaft legt und ihr die Geheimnisse entreißt. Newtons Gleichungen vervollständigten nun die Entfremdung der Natur vom Menschen und stellten sie als ein Gebäude aus ineinander verzahnten, mechanischen Bauteilen dar. Um sie zu verstehen, mußte man sie nur noch in ihre Einzelteile zerlegen und die Kausalverbindungen zwischen ihnen erklären. Die Natur wurde zu einer großen Uhr, die Naturwissenschaftler auseinandernehmen und wieder zusammenbauen konnten – was zur alles beherrschenden Metapher für die Wissenschaften wurde. Vorhersage und Kontrolle waren die Antriebskräfte für die neue wissenschaftliche Gemeinschaft.
Kontrolle war bis dahin den Regierungen vorbehalten gewesen. Der Newtonsche Traum kam dem nun wunderbar entgegen. Durch die von den Wissenschaften geschaffenen Technologien – wodurch enorme Energien kanalisiert, neue Wirkstoffe entwickelt, Materialien mit immer größerer Geschwindigkeit transportiert und die Erde mit einem Kommunikationsnetz überzogen wurde – verstärkte sich die Macht der Kontrolle.
Wissenschaft und Gesellschaft schlossen sich in ihren Rückkoppelungen zusammen und trugen so zur enormen Ausweitung der wissenschaftlichen Weltsicht bei. Heute liefert die Gesellschaft die für den Bau von teuren Teilchenbeschleunigern, Fusionskammern und Weltraumteleskopen benötigten Ressourcen. Und die Naturwissenschaften stellen im Gegenzug einen endlosen Strom neuer technologischer Entwicklungen zur Verfügung – von Landminen bis zu Mobiltelefonen und synthetischen Nahrungsmitteln – sowie eine Flut neuer Ideen, die die gesellschaftlichen und wissenschaftlichen Ziele der Vorhersage und Kontrolle weiter verstärken. Durch ihren Erfolg trieben die Naturwissenschaf-

ten die Mechanisierung der Gesellschaft voran und untermauerten eine Weltsicht, die nur noch ein mechanistisches Universum zu erkennen in der Lage ist.

Das Ausmaß, in dem diese mechanistische Sicht der Dinge Besitz von jedem einzelnen ergriffen hat, läßt sich leicht an den Radiosendungen ablesen, die für die Zuhörer Gesprächstherapien anbieten. Meist erklärt der Anrufer in etwa einer Minute sein psychologisches Problem, und der Studio-Psychologe wartet mit einer *ad-hoc*-Analyse auf und schlägt einige therapeutische Schritte vor. Dem Anrufer wird oftmals der Rat gegeben, zur Linderung der psychischen Schäden professionelle Hilfe aufzusuchen – um sein Selbstbewußtsein zu stärken, sensibler zu werden oder weniger phobisch zu reagieren. Manchmal werden für diese Wiederherstellung des Selbst sogar eine Abfolge von Einzelschritten festgelegt. In einer Talk-Show im Fernsehen rief ein verstörter Ehemann an, der, arbeitslos geworden, entdeckte, daß er gerne zu Hause blieb und ihm die Hausarbeit Spaß machte; mit wehleidiger Stimme fragte er den psychologischen Experten: »Was soll ich davon nur halten?«

Zu Beginn des neuen Jahrtausends ist der Mensch also an den Schattenseiten des Wegs angelangt, den er vor achthundert Jahren betreten hatte, als er sich von der Natur zu entfernen begann. Gewiß führte dieser Weg in der Renaissance zu einem Aufblühen der bildenden Kunst, der Dichtung, Musik und Architektur und zu den nachfolgenden wissenschaftlichen und technologischen Entwicklungen. Er brachte aber auch das wüste Land des Fortschritts und des unbegrenzten Wachstums mit sich, die fester Bestandteil des mechanistischen Paradigmas geworden sind. Beide Konzepte kranken an inhärenten Unzulänglichkeiten. Unbegrenztes Wachstum kann nicht auf unbegrenzte Zeit aufrechterhalten werden. Die Ressourcen des Planeten werden eines Tages, trotz aller technologischer Raffinessen, unweigerlich zu Ende gehen. Wiederholt zeigten Historiker, daß der sogenannte, von der Werbung als solcher verkaufte Fortschritt nichts weiter als eine Modeerscheinung ist, der nur ein Produkt durch ein neueres ersetzt. Und immer wieder ist festzustellen, daß neue »Entwicklungen« unvorhergesehene Nebenwirkungen mit sich bringen. Es fällt zunehmend schwerer, zu sagen, ob der »Fortschritt« wirklich zu einer allgemeinen Verbesserung der Lebensqualität führt.

Das mechanistische Paradigma bringt grundlegende moralische Probleme mit sich. Der Biologe Brian Goodwin warnt vor der mechanistischen Weltanschauung, wie sie nun in der Genetik zum Ausdruck kommt: »Nach der gegenwärtigen Auffassung in der Biologie determinieren die Gene die Organismen, welche lediglich zufällige Genansammlungen darstellen, die für den Menschen funktional nützlich sind. Daher ist es vollkommen legitim, den genetischen Aufbau eines Organismus zu ändern, falls dies zur Befriedigung unserer Bedürfnisse beiträgt. Wir können Hühner oder Truthähne mit einem riesigen Brustfleischvorrat erzeugen, auch wenn diese Tiere sich nicht mehr fortpflanzen oder ein normales Leben führen können. Es ist also legitim, sie auf diese Weise zu ändern.

Solche Eingriffe aber reißen in unserer Beziehung zur Natur und zu anderen Menschen tiefe Wunden, denn sie bedeuten, daß alles im Leben zu einem Gebrauchsartikel verkommt. Sie bestärken den einzelnen darin, andere nur noch als einen Haufen Zellen oder Gene wahrzunehmen, die lediglich einen potentiell kommerziellen Wert besitzen. Für mich ist das Selbstmord. Organismen sind nicht nur Überlebensmaschinen. Sie haben, wie Kunstwerke, einen Wert an und für sich.«[7]

Bei aller Kritik an der mechanistischen Wissenschaft und Technologie sollte man jedoch nicht leichtfertig die Vorteile aus der Hand geben, die sie dem Menschen gebracht haben. Die Naturwissenschaften ermöglichten im allgemeinen ein gesünderes und längeres Leben, als es unsere Vorfahren im Mittelalter genießen konnten. Sie trugen dazu bei, die Welt auf vielfältige und faszinierende Weise zu erfahren. Es kann jedoch nicht abgestritten werden, daß unser nahezu vollständiges Aufgehen in diesem mechanistischen, reduktionistischen Ansatz dazu führte, daß wir als Gesellschaft unser instinktives Mitgefühl für die Natur vergessen haben. Es brachte eine Denkweise mit sich, die dazu neigt, im Menschen und allgemein in der Natur nur noch ein Objekt der Manipulation zu sehen. Der amerikanische Schriftsteller und Philosoph Henry David Thoreau sah dies bereits voraus, als er schrieb: »Ach! Der Mensch ist zum Werkzeug seiner Werkzeuge geworden.«

Die neue Wahrnehmungsverschiebung: Vom Mechanismus zur chaotischen Ganzheit

Die mechanistische Weltsicht brauchte einige Jahrhunderte, bis sich aus den im Spätmittelalter ausgeworfenen Samen die gegenwärtigen wissenschaftlichen und technologischen Triumphe einstellten. An der Schwelle zu unserem Jahrhundert wurde ein anderer Keim gepflanzt, diesmal vom französischen Physiker und Philosophen Henri Poincaré. Heute sind wir Zeuge, wie er sich in der Chaostheorie entfaltet. Als Poincaré den ersten Blick auf das Chaos tat, geschah das nicht unter dem Aspekt der Unordnung und Gesetzlosigkeit des Universums. Was er sah, war, daß Chaos Ganzheit ist.

Poincaré setzte seinen Keim gegen Ende des 19. Jahrhunderts, zu einem Zeitpunkt, als der Glaube an die mechanistische Weltsicht und der technologische Optimismus ihren Höhepunkt erreicht hatten. Die Ära war durch Wunderwerke wie den Eiffelturm gekennzeichnet, dem Automobil, den ersten Experimenten zur Funkübertragung und Nicola Teslas elektrischen Generatoren, welche die Wasserkraft der Niagara-Fälle nutzbar machten und die Stadt Buffalo mit Licht versorgten.

Poincaré wollte das mechanistische Programm nicht stürzen, sondern versuchte es nur auszuweiten und verständlicher zu machen.

Von Beginn an haftete dem Newtonschen Universum der beunruhigende Makel an, daß man mathematisch exakt nur die Bewegung von zwei sich gegenseitig beeinflussenden Körpern beschreiben konnte, nicht aber von dreien oder mehreren. Die Physik konnte wunderbar berechnen, wie ein einzelner Planet um die Sonne kreist. Das Sonnensystem aber besteht nicht nur aus einem Planeten; es enthält eine ganze Reihe dieser Körper, daneben ihre Monde, Planetenringe und einen Asteroidengürtel. Während die Umlaufbahn jedes einzelnen Körpers auf einige zehntausend Jahre im voraus bestimmt werden konnte, wußte man nicht, wie solche Feinheiten wie die durch die Schwerkraft des Planeten Jupiter erzeugte winzige Deflektion einer Asteroidenumlaufbahn zu berechnen waren. Um genauere Vorhersagen und eine allumfassende Naturbeschreibung liefern zu können, mußte man also dieses sogenannte »Vielkörperproblem« lösen.

Die damals allgemein akzeptierte, aber keineswegs befriedigende Lösung des Problems bestand aus einem schrittweisen Näherungsverfahren. Astronomen griffen dabei auf die sogenannte »Störungstheorie« zurück; der geringfügige Einfluß der Jupiterschwerkraft auf den Asteroiden wurde als Störung aufgefaßt und mußte der idealisierten Zwei-Körper-Lösung in einer Reihe schrittweiser Näherungen hinzuaddiert werden. Es war ein Verfahren, das die Physiker in vielen anderen Situationen anzuwenden gezwungen waren und welches sich in der Praxis recht gut bewährt hatte. Die eher philosophisch veranlagten Wissenschaftler wollten sich jedoch mit diesen näherungsweise bestimmten Planetenbahnen, die noch Tausende von Millionen Jahren existieren werden, nicht zufriedengeben.

Poincaré ging das Problem direkt an. Bei seiner Arbeit entdeckte er, daß unter der Mehrzahl der Bedingungen genau das geschah, was die Astronomen und Physiker erwartet hatten – die schwache Schwerkraftwirkung eines Planeten auf einen zweiten Planeten oder Asteroiden war annähernd zu vernachlässigen. Er stellte aber auch fest, daß unter gewissen kritischen Bedingungen etwas sehr Außergewöhnliches eintrat: Die winzigen hinzuaddierten Korrekturen begannen sich zu akkumulieren, verstärkten sich durch gegenseitige Rückkoppelung, bis sie sich so weit aufbauten,

daß der Asteroid auf seiner Bahn unruhig zu schlingern begann oder ganz aus dem Sonnensystem geschleudert wurde.
Poincaré war auf das Chaos gestoßen. Dabei hatte er aber auch ein scheinbares Paradoxon entdeckt. Diese Form des Chaos trat im Sonnensystem nur deshalb auf, weil das gesamte System ganzheitlich ist. Obwohl Chaos das genaue Gegenteil der Ganzheit zu sein schien, war Poincaré schnell bewußt, daß ebendiese Ganzheit dem Problem zugrunde lag. Wären die Planetenbahnen voneinander relativ unabhängig, wäre es durchaus berechtigt, die Wirkung eines dritten Körpers als einfache Störung aufzufassen. Aufgrund ihrer nichtlinearen Rückkoppelungen können sie jedoch nicht als unabhängige Körper gesehen werden, so wie es die mechanistische Perspektive tat.
Um ein konkretes Beispiel zu nennen: Die Schwerkraftwirkung des Jupiter auf die Umlaufbahn eines Asteroiden ist sehr gering. Astronomen hatten daher früher angenommen, daß die winzige Anziehungskraft die Asteroidenbahn nur geringfügig verschiebt. Dadurch aber verändert sich auch die Wechselwirkung mit der Sonne, was eine weitere Beeinflussung der Asteroidenbahn nach sich zieht. Nähert sich der Asteroid dann wieder dem Jupiter, ist er auf seiner neuen Bahn einer wiederum veränderten Schwerkraftwirkung des riesigen Planeten ausgesetzt.
Im Normalfall erzeugen diese geringfügigen Änderungen lediglich eine kleine Verschiebung der Asteroidenbahn. Unter gewissen kritischen Bedingungen kommt es jedoch zwischen den Bahnverschiebungen und den veränderten Schwerkraftwirkungen zu Rückkoppelungen, die sich akkumulieren und zu einem *Resonanzzustand* hochschaukeln können, bis das gesamte System ins Chaos abdriftet.
Resonanzen treten auf, wenn zwei oder mehrere Systeme in Einklang miteinander schwingen; dies ist ein Zustand, bei dem die Einwirkung bereits geringer Kräfte progressiv die gegenseitige Wechselwirkung verstärkt. Legt man eine E-Stimmgabel an eine schlecht gestimmte Geige, wird nichts geschehen. Ist die höchste Saite jedoch gestimmt, wird sie in Einklang mit der

Stimmgabel zu vibrieren (mitzuschwingen) beginnen. Will man auf einer Kinderschaukel höher nach oben, muß man mit den Beinen dann Schwung zuführen, wenn die Schaukel den höchsten Punkt ihrer Eigenschwingung erreicht hat. Sind Systeme in Einklang, können aus dem kumulativen Effekt geringfügiger Wechselwirkungen große Veränderungen hervorgehen. Man kann dies auch als die »Macht des Schmetterlings« beschreiben, auf die Anfang der sechziger Jahre Edward Lorenz gestoßen war. Poincaré jedoch entdeckte in Newtons universalem »Uhrwerk«, daß der Jupiter und ein Asteroid auf ihrer jeweiligen Bahn um die Sonne unter bestimmten Voraussetzungen einen Resonanzzustand einnehmen können. Die zwischen ihnen auftretenden Rückkoppelungsschleifen verstärken die Wechselwirkung – ähnlich dem Kreischen der Lautsprecher, an denen das Mikrophon zu nahe liegt – und können dazu führen, daß die Asteroidenbahn chaotisch wird.

Über ein halbes Jahrhundert lang stellte Poincarés Ergebnis im ansonsten geordneten, mechanistischen Paradigma eine Art Zeitbombe dar. Seine Implikationen wurden erst erforscht, als man über superschnelle Computer und neue mathematische Verfahren verfügte. Erst in den siebziger Jahren, als sich die Chaostheorie herauszubilden begann, entdeckte man im Asteroidengürtel leere Bereiche. Ähnliche leere Regionen waren bereits in den Saturnringen aufgespürt worden. Als die Wissenschaftler sich Poincarés Arbeiten zuwandten, stellten sie fest, daß diese leeren Regionen die Orte sind, auf denen die von ihm vorhergesagten chaotischen Umlaufbahnen liegen. Asteroiden oder andere Gesteinsbrocken, die in eine solche Region eindringen, geraten in ein Netz von Rückkoppelungsschleifen, die ihre Umlaufbahn zunehmend chaotischer werden lassen und sie schließlich aus ihrer Bahn hinauskatapultieren. Nachträglich verstanden Chaostheoretiker, worauf Poincaré einen ersten Blick geworfen hatte. Da das Sonnensystem ganzheitlich ist – und Planeten, Monde, Asteroiden und Kometen besitzt, die ständig in rückkoppelnder Wechselwirkung stehen –, verwandeln sich manche Regionen in chaotische Bereiche: der

Ein in rückkoppelnder Wechselwirkung stehendes chaotisches System.
©John Briggs

Beweis dafür, daß im Kosmos Chaos und Ganzheit ineinander verschränkt sind.

Poincarés Entdeckung zeigt den Unterschied zwischen der symbolischen Ganzheit der mittelalterlichen Alchimie, der dualistischen Ganzheit des chinesischen Taoismus oder dem romantischen Verständnis von Ganzheit (das eine alles in sich vereinigende Natur herbeisehnte, in der sich das einzelne auflöst) und der Ganzheit des Chaos. Chaotische Ganzheit ist erfüllt vom einzelnen und Partikulären, dem Aktiven und Interaktiven, sie wird von nichtlinearen Rückkoppelungsschleifen belebt und kann selbstorganisierte Systeme, fraktale Selbstähnlichkeit und unvorhersehbare chaotische Unordnung hervorbringen. Und, ein letzter ironischer Tatbestand, sie zelebriert die Phänomene, die vom mechanistischen Paradigma als »zufällig« und »ungeordnet« abgetan wurden.

Das vom Weltraum aus aufgenommene Bild unseres blauen Erdballs ist das Sinnbild für diese neue ganzheitliche Perspektive.

Nun erkennt man, daß – von der fraktalen Gestalt der Kontinente und der globalen Wettersysteme bis hin zu den Zellen im Körper jedes Lebewesens – alles aus selbstorganisierten Systemen besteht, die wiederum in andere selbstorganisierte Systeme eingelassen sind.

Zoomt man auf diesem Satellitenfoto auf den Ausschnitt des Amazonas-Regenwalds, erkennt man, daß weite Teile zerstört sind. Warum sollte uns das kümmern? Die mechanistische Antwort lautet, daß, sollten die Dinge wirklich aus dem Ruder laufen, wir sie wieder unter Kontrolle bringen können, da wir nur Bäume zu pflanzen brauchen und den Wald unserer Verwaltungsmaschinerie unterstellen können. Die Chaostheorie hält dem entgegen, daß die menschlichen Eingriffsmöglichkeiten begrenzt sind und ihr Ausgang bis zu einem gewissen Grad immer ungewiß bleibt. Anzunehmen, zukünftige Generationen würden Technologien entwickeln und die Schäden beheben, die wir hinterlassen, ist eine gefährliche Illusion.

Wälder, insbesondere Regenwälder, schaffen sich ihr eigenes Klima. Sie speichern Feuchtigkeit und binden die dünne Erdschicht. Unter den Baumkuppeln erhalten Mikroklimate eine Vielfalt von Pflanzen- und Tierarten. Mit der Rodung zerstört man ein komplexes Netz an Rückkoppelungsschleifen und vernichtet unwiederbringlich einen wesentlichen Teil der Erde.

Will man sehen, was unsere nachfolgenden Generationen erwartet, muß man nur auf die öden English Pennines aus Emily Brontës *Sturmhöhe* zoomen oder auf die majestätisch-kahlen Bergzüge des Wordsworths Lake District – Gegenden, die einst dicht bewaldet waren, in denen aber in den letzten zweitausend Jahren kein Baum mehr gewachsen ist.

Über Jahrtausende hinweg wurden die gemäßigten Regenwälder, die einst den Großteil von Großbritannien bedeckt hatten, durch den neolithischen Landbau zerstört. Durch die minimalen Veränderungen im lokalen Klima griffen die steinzeitlichen Bauern in den Wasserkreislauf ein. Die obersten Bodenschichten wurden vom Regen, der nicht mehr aufgefangen wurde, weggewaschen, und die vermodernde Vegetation ließ den Säuregehalt des Bodens ansteigen. Das Ergebnis waren irreversible Veränderungen, Gebiete mit Sumpf- und Moorregionen, auf denen nur noch spärlich Gras wächst. Ein ähnliches Schicksal könnte dem Amazonasbecken oder der russischen Taiga bevorstehen. Wissenschaftler glauben, diese massiven Zerstörungen der großen Wälder könnten das gesamte Klima der Erde verändern.

Aber wachsen Bäume nicht einfach wieder nach? Seen, Wälder und Flüsse waren immer natürlichen Katastrophen ausgesetzt. Manchmal wurden sie dadurch sogar zerstört, in vielen Fällen aber waren sie durch das dichte Netz an Rückkoppelungsschleifen so flexibel und anpassungsfähig, daß sie sogar drastische Veränderungen überstanden. Wir müssen jedoch auf der Hut sein und dürfen das nichtlineare Verhalten, das chaotischen Systemen eigen ist, nicht außer acht lassen. Wälder können sich als unglaublich widerstandsfähig erweisen; werden sie jedoch über einen gewissen Punkt hinaus belastet oder ist ihre Umgebung rapiden Veränderungen ausgesetzt, kann sich ihr Verhalten schlagartig ändern oder sogar kollabieren.

Die Warnung richtet sich an alle. Die Naturprozesse auf der Erde sind nicht voneinander zu trennen und bilden ein Ganzes, das gepflegt und erhalten werden muß. Wird das System zu stark belastet, kippt es um. Lewis Thomas stellte sich die Erde als eine einzige Zelle vor. Der Wissenschaftler James Lovelock befaßte sich mit der Vorstellung einer ganzheitlichen Erde, auf der organische und anorganische Systeme so miteinander verknüpft sind, daß das Ganze als ein einziges Lebewesen angesehen werden kann, das er nach der griechischen Erdgöttin Gaia nannte.

Lovelock entwickelte die Gaia-Hypothese, nachdem er sich mit der Zusammensetzung der Gase in der Erdatmosphäre beschäftigt hatte. Um ein Beispiel zu nennen: Methan verbrennt gewöhnlich in einer Sauerstoffumgebung und erzeugt dabei Wasser und Kohlendioxid. Lovelock kam zu dem Schluß, daß ungewöhnliche Dinge vor sich gehen mußten, wenn ein Planet in seiner sauerstoffreichen Atmosphäre eine beträchtliche Menge Methan bereithält. Nach Lage der Dinge hätten das freie Methan und der Sauerstoff längst miteinander reagieren und verbrennen müssen. Methan und Sauerstoff sind natürliche Nebenprodukte des Lebens auf der Erde, das sie ständig neu erzeugt. Lovelock kam nun zu der folgenden bedeutsamen Erkenntnis. Methan, Sauerstoff, Schwefel, Ammoniak und Methylchlorid liegen in der Erdatmosphäre in Konzentrationen vor, die sich auffällig von den Konzentrationen unterscheiden, die in einem Gleichgewichtszustand – nachdem sich die verschiedenen chemischen Anteile miteinander vermischt hatten – zu erwarten wären. Das gleiche trifft auf den konstant bleibenden Salzanteil im Meer zu – trotz der Tatsache, daß jährlich einige Millionen Tonnen Salz durch die Flüsse in die Weltmeere gespült werden. Was Lovelock so faszinierend fand, war, daß genau diese Konzentrationen die optimalen Bedingungen für den Fortbestand des Lebens auf der Erde darstellen.

Seine ungewöhnliche Folgerung lautete, daß das Leben als Ganzes sorgsam den Planeten reguliert. Der gesamte Planet hatte sich als lebendes Wesen entwickelt, wobei die Wälder und Ozeane als dessen Organe fungieren.

Bei der Aufrechterhaltung der Umgebung, die nötig ist, damit komplexere Lebensformen existieren können, fällt den einfachsten Organismen, den Bakterien und dem Plankton, die wichtigste Rolle zu. Im Gegenzug liefern die komplexeren Lebensformen, von den Termiten bis zu den Kühen, das, was die Bakterien für ihren Fortbestand brauchen. Die Erde, als Gaia gesehen, ist eine komplexe, gemeinsam sich entwickelnde Einheit, die aus Mikroorganismen, Gräsern, Bäumen, Tieren, dem Klima und sogar der Bewegung der Kontinente besteht. Die ständigen, auf und zwischen allen Ebenen stattfindenden Rückkoppelungen erzeugen die dynamische, sich *nicht* im Gleichgewicht befindende Struktur dieses aufregenden Wesens, das wir vom Weltraum aus sehen können. Dieselbe chaotische Nichtlinearität hat aber auch zur Folge, daß die Erde für den ungebremsten Einfluß der menschlichen Technologie anfällig und verletzlich ist.[8]

Chaotische Selbstähnlichkeit findet sich vom Planeten als Ganzes bis hinunter zu den einzelnen Zellen im menschlichen Körper. Jeder Mensch ist ein Verbund an dynamischen Beziehungen zwischen Einheiten, von denen man nicht wirklich sagen kann, daß man sie »besitzt«. Die Mitochondrien, die in jeder Zelle unseres Körpers zu finden sind, besitzen, wie Lewis Thomas zeigte, ihre eigene, vom Menschen gänzlich verschiedene DNS. Tatsächlich sind sie Nachkommen von Bakterien, die in einem symbiotischen Akt in die Vorfahren unserer ersten Zellen eindrangen. Diese beidseitige Kooperation blieb nicht auf Mitochondrien beschränkt, sondern trifft auf eine Vielzahl von Organismen zu – unter anderem auf die Spirochäten, aus denen unsere Gehirnzellen entstanden –, die alle zusammen die Ökologie unseres Körpers ausmachen.[9]

Chaotische Ganzheit und ein neues Bewußtsein

Wenn während der Fahrt das Auto liegenbleibt, öffnet man die Kühlerhaube und untersucht den Motor auf einen möglichen Defekt. Diese Vorgehensweise funktioniert recht gut – aber man muß schon über sehr viel Idealismus verfügen, wenn man in diesem Fall denken würde, daß der defekte Keilriemen oder die unterbrochene Benzinzufuhr daraus resultierten, daß der Wagen seine ganzheitliche Sicht verloren hatte. Familien, Gesellschaften, ökologische Lebensräume sind keine Maschinen. Zu den Aussagen der Chaostheorie gehört, daß der/das einzelne immer Bestandteil des Problems ist, daß einzelne Spannungen und Fehlfunktionen immer vom Gesamtsystem ausgehen und nicht von einem defekten »Teil«. Betrachtet man Defekte als rein mechanische Probleme, die zu »reparieren« sind, dann kann dies zwar zu einer temporären Linderung der Symptome führen; auf lange Sicht dürfte es aber effizienter sein, den gesamten Kontext in Betracht zu ziehen, in dem ein bestimmtes Problem sich manifestiert.

Seit geraumer Zeit erregt die Krankheit der manischen Depression das öffentliche Interesse. Man geht davon aus, daß Millionen von Menschen, die gewöhnlich mit Medikamenten wie Prozac behandelt werden, darunter leiden. Aber wenn manische Depression in der Bevölkerung zunimmt, sollte man sich dann nicht eingehender mit der Gesellschaft befassen, in der diese Epidemie auftritt? In der traditionellen Sichtweise gelten soziale, politische und ökologische Probleme als Dinge, die außerhalb von uns liegen. Daraus ergibt sich fast zwangsläufig, daß man Probleme zu lösen versucht, indem man sie aus dem Weg räumt oder ausdiskutiert – was das Gefühl der inhärenten Trennung nur noch mehr verstärkt.[10] Im Grunde rührt daraus die Gewalt, die heutzutage das menschliche Bewußtsein bestimmt. Dazu genügt ein Blick auf die Sprache, mit der gesellschaftliche Probleme beschrieben werden. Der Armut, der Arbeitslosigkeit, der Drogensucht wird der »Krieg« erklärt. Ärzte setzen »aggressive« Methoden ein, sie »schießen« mit Medikamenten, um Krankheiten zu »bekämpfen«.

Erst allmählich setzte sich die Erkenntnis durch, daß Krankheiten wie Krebs nicht auf eine einzige Ursache zurückzuführen und mit einem Wundermittel auszuschalten sind. Jede Krebserkrankung scheint das Resultat einer Reihe von »Kofaktoren« zu sein, die sich bei jedem anders zusammensetzen: niedrige Strahlung, chemische Umwelteinwirkungen (der wir alle in zunehmendem Maße ausgesetzt sind), Nahrung, Lebenswandel, genetischer Hintergrund, frühere Erkrankungen, psychischer Streß, selbst zwischenmenschliche Beziehungen – sie alle interagieren miteinander. Will man Krebs »heilen« oder erfolgreich behandeln, dann sollte man sich nicht zu sehr auf Wundermittel verlassen, sondern das gesamte Leben des Patienten in Augenschein nehmen.

Medizinische, gesellschaftliche und persönliche Probleme besitzen eine ganzheitliche Dynamik. Soll man daher den Drogen den Krieg erklären oder sich ernsthaft mit den Faktoren innerhalb der Gesellschaft auseinandersetzen, die erst dazu führen, daß junge Menschen Drogen nehmen? Sollen Steuergelder für Nacht-

und Nebelaktionen gegen Drogenbarone ausgegeben werden, oder will man letztendlich doch wahrhaben, daß internationale Handelsabsprachen, die die Kaffeepreise niedrig halten, den Mohnanbau zu einem weitaus profitableren Geschäft machen? Mit anderen Worten: Statt die Probleme nach außen zu projizieren, sollte man sich damit befassen, in welcher Beziehung der Drogenmißbrauch zur gegenwärtigen Gesellschaft und damit zu jedem einzelnen von uns steht. Aus diesem ganzheitlichen Ansatz lassen sich dann vielleicht neue Handlungsvorgaben entwickeln.

Eine Sichtweise, welche die Welt und den Menschen als Ansammlung von rein äußerlich, mechanisch in Beziehung stehenden Teilen sieht, schränkt sich in ihrer Wahrnehmungsfähigkeit ein. Lovelock weist darauf hin, daß, würde man lediglich die einzelnen Körperzellen betrachten und nicht ihre Wechselwirkungsbeziehungen und Rückkoppelung, man niemals erkennen könnte, daß der Körper als Ganzes die Temperatur seines gesamten Zellsystems reguliert.

Ebenso ist zum heutigen Zeitpunkt noch nicht abzusehen, welche Auswirkungen es auf das kreative Potential des menschlichen Bewußtseins hat, wenn es sich als weltweites Ganzes versteht. Seit der Renaissance hat sich der Mensch auf seine Existenz als isoliertes Individuum konzentriert und dabei vernachlässigt, daß auch er ein Aspekt dessen ist, was alle in ihrer Gesamtheit – »miteinander« – wissen.

Ist es also möglich, unsere Wahrnehmung so zu verschieben, daß das selbstorganisierte und chaotische Ganze erfaßbar wird? Der Gedanke mag zunächst mysteriös klingen, das Verständnis für das Ganze ist jedoch in jedem Menschen bereits angelegt. Jeder kennt in seinem Leben Momente der Kooperation und spontanen Organisation.

Als 1993 der Hurrikan Andrew das südliche Florida verwüstete, trafen aus den gesamten USA Menschen ein, die ihre Hilfe anboten. Niemand hatte es organisiert, es war ein einfacher, mitfühlender Akt der Selbstorganisation. Steve Rodriquez kam von

Waco, Texas, ins Dade County. »Ich will helfen«, erzählte er einem Reporter des *National Geographic*. »Ich hab's in den Nachrichten gesehen. Dann sagte ich meinem Boß und meiner Frau, daß ich dorthin muß. Ich bin Gabelstaplerfahrer. Ich kenn' mich damit aus. Bei wem kann ich mich melden?« Joy McKenzie aus Jacksonville half in einer kirchlichen Sozialstation aus. »Mein Herz zersprang fast«, sagte sie. »Ich mußte einfach was tun.« Ein Bauunternehmer und seine Leute luden Anhänger mit Baumaterialien und Lebensmittel voll, um eine Turnhalle im vom Sturm schwer getroffenen Miccosukee-Reservat wiederaufzubauen. Gefragt, warum er das tat, antwortete er: »Na ja, wir sind ein Haufen Schwule, wir wollten einfach helfen. Wir alle. Mein Freund hat Aids. Aids ist ein menschliches Problem. Genau wie das hier. Wir kümmern uns einfach darum.«[11]

Schreiner aus New England packten ihre Lieferwägen mit Sperrholz voll und fuhren zwei Tage, um den Gemeinden beim Wiederaufbau zu helfen. Landwirte aus dem Mittleren Westen schickten Milch und Milchprodukte. Viele von ihnen gehörten keiner Hilfsorganisation an. Sie handelten aus sich heraus und erwarteten nicht, für ihre Mühen belohnt zu werden. Aus einem Gefühl der Verbundenheit fühlten sie sich aufgerufen, etwas zu tun. Daß sie am Schauplatz der Verwüstung auftauchten, war Ausdruck ihrer gegenseitigen Verbundenheit mit dem Ganzen.

Ein Indianer erzählte, wie er als junger Mann die USA und Kanada durchreiste, um an *Pow-wows* teilzunehmen. Da er wenig Geld besaß, suchte und fand er immer jemanden, der ihn ins nächste Reservat mitnahm, ihm eine Mahlzeit oder auch ein Bett für die Nacht spendierte. Er mußte seine Reiseroute niemals im voraus planen, mußte sich nicht um Geldautomaten oder Kreditkarten kümmern. Er vertraute einfach auf das System und auf seine »Verwandten«. Nun, im mittleren Alter, hat er einen Job, der ihn fordert, findet aber immer noch Zeit, um regelmäßig *Pow-wows* zu besuchen. Wenn er junge Menschen am Straßenrand sieht, bietet er ihnen an, sie mitzunehmen, oder lädt sie zu einer Mahlzeit ein. Das Beziehungsnetz ist für ihn noch so stark und

ausgeprägt wie früher, und er trägt es von Generation zu Generation weiter.
Verdeckt vom Gefühl der Isolation und Einsamkeit, das die getrennten Individuen befällt, liegt die lebendige Empfindung, mit der gesamten Welt verbunden zu sein und ihr anzugehören. Ein wenngleich recht ungewöhnlicher Beleg dafür ist die »Schuld«, die Psychologen bei Opfern von Flugzeugabstürzen oder Geiselnahmen feststellen. Was bei denen, die die Katastrophe überleben, bleibt, ist das nagende Reuegefühl, nicht anstelle der anderen – die ihnen oftmals völlig fremd waren – gestorben zu sein.
Diese »Überlebensschuld« weist darauf hin, daß es tief in unserer Psyche einen Sinn für die Verbundenheit und Solidarität mit der gesamten Menschheit gibt. Der Psychotherapeut Viktor E. Frankl berichtete, wie er als junger Mann diese Verbundenheit an einem Ort fand, an dem man es nicht erwarten würde, in einem nationalsozialistischen Konzentrationslager. Gefangen in einem der perversesten Auswüchse der mechanistischen Ideologie, seiner Identität beraubt und auf eine bloße, in seinen Arm eintätowierte Nummer reduziert, war er sich bewußt, daß er nicht weit davon entfernt war, sich nur noch als sinnloses Objekt, als unwesentliches Teil in einer schrecklichen Maschinerie zu sehen.[12]
Eines Tages aber, als er und seine Mitgefangenen über die vereiste Straße zur Arbeitsstelle getrieben wurden, mußte er an seine Frau denken. Da es keine Post gab, wußte er nicht, ob sie noch lebte. Er erkannte jedoch, daß dies keine Rolle spielte, da er mit ihr in einer Liebe verbunden war, die weit über die physische Person hinausging. Seine Liebe zu ihr verband ihn mit der ganzheitlichen Erkenntnis, der authentischen Wahrheit, »daß Liebe irgendwie das Letzte und das Höchste ist, zu dem sich menschliches Dasein aufzuschwingen vermag«.[13]
Frankl überlebte, menschlich intakt, das Konzentrationslager. War seine Erkenntnis nur eine sentimentale Erkenntnis, der psychologische Verteidigungsmechanismus eines Menschen, der äußerstem Leid ausgesetzt war? Als solche würde sie unter der

gegenwärtigen wissenschaftlichen Perspektive wahrscheinlich wahrgenommen werden.
Aus der Sicht des chaotischen Ganzen wird jedoch deutlich, daß sich Frankl, angeregt durch die bedingungslose Liebe, aus der Position des isolierten Opfers lösen und zu einem grundlegenden Verständnis seiner Beziehung zur Welt kommen konnte – das, was Joseph Conrad meinte, als er diese Solidarität als das Verflochtensein der zahllosen einsamen Herzen nannte, die mit dem »Geheimnis, das unser Leben umgibt«, Kontakt aufnehmen.[14] Frankls Erfahrung zeigt, daß die Begegnung mit dem Schrecklichen und Unbekannten des Chaos das scheinbar paradoxe Gefühl des vertrauten, transzendierenden Glaubens an den Kosmos mit sich bringen kann.
Die Erfahrung der Solidarität mit der gesamten Welt befreit von der chronischen Denkgewohnheit, sich nur für ein isoliertes Fragment zu halten. Das Bewußtsein, das sich nur in der Individualität ausdrücken kann, erweitert sich auf ein Bewußtsein, in dem das Miteinander-Wissen des Ganzen verwirklicht ist. Es geht nicht mehr darum, den alten individuellen und heroischen Kampf gegen die Welt auszufechten, sondern um Koevolution und Kooperation; nicht mehr darum, die Natur als Ansammlung vereinzelter Objekte zu sehen, sondern um die Erfahrung, daß wir ein untrennbarer und wesentlicher Aspekt in der Organisation der Natur sind; daß der Beobachter auch immer Teil dessen ist, was er beobachtet. Es geht nicht mehr darum, die Betonung ausschließlich auf die Logik und Objektivität zu legen, sondern eine ästhetische Vernunft zu verwirklichen, welche die Logik nicht ausschließt, aber deren Grenzen anerkennt. Es geht nicht mehr um das obsessive Bedürfnis nach Kontrolle und Vorhersage, sondern um die Sensibilität, die es gestattet, Entwicklungen und Veränderungen wahrzunehmen; darum, daß wir kraft unseres subtilen Einflusses zu Teilhabern unseres blauen Planeten werden, statt dessen Herrscher zu sein.
Wenn wir uns nun auf diese neue Wahrnehmung einlassen, soll das nicht heißen, daß wir unser Verständnis als Individuen auf-

geben und unser Wissen und die daraus sich ergebenden technologischen Fortschritte opfern müssen. Aber im Licht des Chaos betrachtet nimmt jedes Individuum und jede Gruppe von Individuen eine neue Bedeutung an – als Fraktale, durch die sich das Ganze ausdrückt.

Nach allen Worten

Lektion 7,1325 ...

Eine Parabel: Zwei Freunde beschließen, ein Buch über die Auswirkungen der Chaostheorie auf das tägliche Leben zu schreiben. Sie unterteilen das Buch in sieben Kapitel, die sich jeweils mit einem Teil der Theorie und ihren Folgen beschäftigen. Die nächsten Monate über arbeiten sie daran, schicken sich Entwürfe und Notizen zu, bis sie feststellen, daß sie etwas ausgelassen haben. Die Chaostheorie handelt davon, daß Vorhersage und Kontrolle unerreichbar sind, daß es niemals möglich sein wird, eine vollständige Beschreibung zu liefern – etwas, das Wissenschaftler »fehlende Information« nennen.
Wo soll also die fehlende Information hin? Für alles, was fehlt, ist nicht genügend Platz vorhanden. Wie um alles in der Welt sollen sie den Lesern, die das Buch gelesen haben, erklären, daß das Wichtigste in den Teilen steht, die ausgelassen wurden?
Dann erinnerten sich die beiden Freunde an die irrationalen Zahlen, eines der Sinnbilder des Chaos. Irrationale Zahlen finden ihren eigenen Raum, auch wenn die Zahlenlinie bereits voll ist. »Wir sollten also ein irrationales Kapitel schreiben«, beschlossen sie, und hier ist es nun:

ACHTUNG! DIESEN SATZ NICHT LESEN!

Ein Mönch fragte Baso: »Was ist Buddha?«
Baso antwortete: »Dieser Geist ist Buddha.«
Ein Mönch fragte Baso: »Was ist Buddha?«
Baso antwortete: »Dieser Geist ist nicht Buddha.«

Der amerikanische Psychiater William McDougall, so berichtet Carl G. Jung, bat seinen chinesischen Studenten, ihm das Wesen des Tao zu erläutern. Nach dessen Erklärungen war er ebenso verwirrt wie zuvor, also fragte er ein zweites Mal. »Da ging der Chinese auf den Balkon und sagte: ›Was sehen Sie?‹ ›Ich sehe eine Straße und Häuser und spazierengehende Leute und vorbeifahrende Trams.‹ ›Was noch?‹ ›Dort ist ein Hügel.‹ ›Was noch?‹ ›Bäume.‹ ›Was noch?‹ ›Der Wind weht.‹ Der Chinese warf seine Arme hoch und sagte: ›Das ist Tao.‹«[1]

Industriegesellschaften, die die Chaostheorie entwickelten, die Aussagen trifft über die Grenzen der modernen westlichen

1. Jede Aussage in diesem Buch ist Einschränkungen unterworfen.
2. 1 ist eine Aussage in diesem Buch.

Koans und paradoxe Aussagen führen an die Grenzen des logisch-rationalen Denkens. Sie bewirken, daß sich die Gedanken im Kreis drehen, daß sie logische Iterationen durchlaufen, um einen Ausweg aus dem Problem zu finden. Innerhalb des gegebenen Kontextes aber gibt es keine Lösung. Koans sagen uns, daß am Konzept der Realität etwas fehlt, daß etwas nicht vollständig ist. Allein die Tatsache, daß wir uns solche Paradoxa ausdenken, bedeutet, daß wir größer sind als die von uns geschaffenen konzeptuellen Systeme. Sie sagen uns, daß wir selbst die fehlende Information sind, die wir suchen.

Koans stellen sich dem Wunsch entgegen, die Welt in Dualitäten einzuteilen, bequeme Kategorien zu schaffen und dann Grenzen um sie zu ziehen. Indem sie uns an die Grenzen dieses Denkens führen, erzeugen sie das geistige Chaos, das für die Kreativität, die Verschiebung der Wahrnehmung und ihre nachfolgende Selbstorganisation notwendig ist.

Irrationale Zahlen lassen sich nicht abrunden, ohne etwas wegzulassen. Das, was weggelassen wurde, ist die Leerstelle in der Information. Gleichzeitig stellen die Punkte am Ende der irrationalen Zahlen – die Punkte in der Überschrift zu diesem Kapitel – die Trittsteine auf dem Weg dar, der zum Ganzen des Systems führt, zu den verborgenen Rückkoppelungsschleifen, zu allen kleinen Schmetterlingen, die dort draußen sind. Mit anderen Worten: Das Ganze wird durch diese Punkte der fehlenden Information symbolisiert.

Als Edward Lorenz feststellte, daß seine zweite Wettervorhersage nicht mit der ersten übereinstimmte, beruhte dies auf fehlender Information. Da er auf drei statt auf sechs Dezimalstellen abrundete, bekam er ein völlig anderes Bild. Chaostheoretiker haben sehr schnell darauf hingewiesen, daß – theoretisch wie praktisch – immer Informationen fehlen werden, daß unser Wissen begrenzt ist, daß Daten immer eine Leerstelle aufweisen werden. Wir mögen noch so viele Informationen sammeln, sie werden niemals ausreichen, um alles über ein so komplexes System wie das Wetter zu erfahren – von der Welt ganz zu schweigen. Zum einen gibt es in einem komplexen System keine klare Trennung zwischen dem einen und dem anderen »Teil«, so daß allein dadurch unmöglich »alle« Informationen zu erhalten sind. Zum anderen beeinflußt der Versuch, an Informationen zu gelangen, das System auf unvorhersehbare Weise.

Ein weiteres Koan: Wenn die Chaostheorie auf fehlende Informationen hinweist, weist sie dann nicht auch darauf hin, daß sie nicht die ganze Geschichte erzählt? Die Chaostheorie ist eine Wissenschaft, und alle Wissenschaften sind Veränderungen unterworfen. In fünfzig Jahren wird die Theorie wahrscheinlich völlig anders aussehen. Heißt dies vielleicht, daß das Problem der fehlenden Information dann gelöst sein wird? Möglich, aber dennoch ist das sehr unwahrscheinlich. Paradoxa und Beschränkungen scheinen dem menschlichen Denken und der menschlichen Existenz inhärent zu sein. Ob die Chaostheorie sich verändern oder ganz verschwinden wird – ziemlich klar scheint zu sein, daß im Zentrum aller Gedanken immer das Ganze/Leere stehen wird.

Noch ein Koan: Man kann das Ganze nicht in die Tasche stecken, weil die Tasche ein Teil des Ganzen ist. Deswegen ist die Tasche ganz leer.

Unter dem Blickwinkel der Chaostheorie verändern sich die Dimensionen des Raums und der Zeit. Nun tut sich etwas auf, das man als Dimension der Realität bezeichnen könnte: das Mysterium. Mysterien offenbaren sich in den Leerstellen der Koans, der Ironie, poetischen Metaphern und anderen selbstähnlichen und einander verschiedenen Formen. Es gehört auch zum ersten Blick, den wir vom Weltall auf die Erde getan haben.

Wir haben in diesem Buch die abendländischen Industriegesellschaften kritisiert, was bedeutet, daß wir, die Autoren, in einem weiteren Koan gefangen sind. Wir leben auf verschiedenen Kontinenten, und ohne den Erfindungsreichtum der Industriestaaten wären uns die Computer, Faxgeräte, das Internet und die Transatlantik-Jets nicht zur Verfügung gestanden, die wir beim Schreiben dieses Buches verwendet haben. Obwohl wir uns dieser Technologien bedienten, halten wir unsere Kritik aufrecht. Wenn wir mit unserer Zeit hart ins Gericht gehen, dann wegen der Arroganz, die sie in Hinsicht auf Macht und Wissen zum Ausdruck bringt, die sich in ihrem Bedürfnis nach Kontrolle des Menschen und der materiellen Welt, in ihrer Lust auf ununterbrochenen Fortschritt und ihrer herablassenden Haltung gegenüber Zivilisationen äußert, die sie als »primitiv«, »unterentwickelt« oder »rückständig« beschreibt. Vor allem aber sorgen wir uns um den besessenen Drang der Gesellschaft nach Gewißheiten und um die gefährliche Vernachlässigung der Dimension des Mysteriösen. Es stimmt, wir sollten stolz sein auf die Errungenschaften der Technologie, der Wissenschaften, auf die Leistungen unserer Computer – aber das, was wir nicht wissen, ist mächtig genug, um in einem einzigen Augenblick unsere gesamte Existenz umzustürzen.

Nur ein Beispiel dazu: Am Anfang des 20. Jahrhunderts spekulierten die Physiker, daß ihr Fach bald an sein Ende käme. Es gab nur noch einige unbedeutende fehlende Informationen, die in das Gesamtgebäude der Physik einzusetzen waren: warum die Umlaufbahn des Merkur unregelmäßig ist, warum zwischen dem theoretischen und tatsächlichen Wärmebetrag, den ein schwarzer Körper abstrahlt, eine Diskrepanz liegt und welche Wirkung ein dritter Körper auf zwei andere hat. Aus der ersten Frage ging die Relativitätstheorie hervor, aus der zweiten die Quantentheorie und aus der dritten die Chaostheorie. In jedem dieser Fälle offenbarte sich durch die fehlenden Informationen, daß sich die Natur als weit subtiler erwies als angenommen.

Die Physiker am Ende des 19. Jahrhunderts hatten vergessen, was Hybris war. Sie glaubten, sie könnten zu einem vollständigen Wissen gelangen. Aber die letzten lästigen Informationen, die ihnen noch fehlten, brachten ihre Welt zum Einsturz und führten nur zu weiteren fehlenden Informationen. Welche »fehlenden Informationen« liegen zu Beginn unseres neuen Jahrtausends im verborgenen?

Im Spaß sagen wir oft, jemand habe einen »blinden Fleck«, ohne uns darüber bewußt zu sein, daß buchstäblich jeder über einen blinden Fleck in seinem visuellen Informationssensorium, der Retina im Auge, verfügt. Die Netzhaut ist mit visuellen Rezeptoren vollgepackt, mit Ausnahme einer winzigen Region, an der die Nervenbahnen der Rezeptoren zum optischen Nerv zusammenlaufen. Wenn wir die Welt betrachten, so gibt es immer einen

winzigen Bereich, der leer bleibt, der jedoch ständig vom Gehirn aufgefüllt wird, so daß das Blickfeld als geschlossen erscheint. Die fehlende Information kann man als den *Trickster* der Chaostheorie sehen. Wir glauben, wir hätten alles fein aufgeräumt und weggepackt, dann erscheint der *Trickster,* überschreitet die säuberlich gezogenen Grenzen und stellt alles auf den Kopf. Wie der Narr am mittelalterlichen Hof ist der *Trickster* immer an unserer Seite, um uns an unsere Grenzen zu erinnern. Es ist wahrscheinlich kein Zufall – oder vielleicht ein fraktaler Zufall –, daß im Tarot-Blatt die *Trickster*-Karte, der Narr, die Gestalt mit der Kappe und den Schellen, auch für das Ganze steht. Der Narr steht für Narretei und Wahnsinn, aber auch für den Geist. Er ist der zur Vollendung gelangte Menschengeist, der sich dem Einen nähert, der 0, das alles und eines, keines und nichts ist – das mysteriöse undefinierbare Chaos.[2]
Fehlende Informationen erinnern daran, daß die größten Errungenschaften immer begrenzt sind – und daß eines der günstigsten Hexagramme im *I Ging* das Hexagramm 15 ist: Bescheidenheit.
In den westlichen Gesellschaften, in denen Vollendung alles zählt, ist Bescheidenheit nur selten anzutreffen. Gefragt sind vollendete wissenschaftliche Theorien. Geschichten müssen immer ein Ende haben, Musikstücke müssen der Schlußauflösung zustreben, und bis vor kurzem noch wurden Gemälde immer gerahmt. Im arabischen Kulturkreis hingegen flossen die Musik, die Kunst und die Geschichten endlos vor sich hin, es gab keinen Endpunkt, der zu erreichen war. Die Sherpas in Tibet klettern auf die Berge, aus Respekt vor den Göttern aber scheuen sie davor zurück, den Gipfel zu betreten. Man stelle sich einen Bergsteiger aus dem Westen vor, der nicht fotografisch dokumentieren läßt, wie er seinen Fuß auf den Gipfel setzt. Man würde ihn für etwas verschroben halten und seine Reise als unvollendet ansehen.
Der Widerstand, sich auf fehlende Informationen einzulassen, liegt vielleicht auf einer tieferen Ebene in unserer Angst vor dem Tod begründet – der ultimativen fehlenden Information, dem letzten Unbekannten, gegenüber dem alles Wissen nichtig wird.

Die Chaostheorie stellt dem eine andere Aussicht entgegen. Dem Chaos zufolge ist die fehlende Information das Fenster zum Ganzen. Ungewißheit stellt den Zugang zur Totalität der kreativen Möglichkeiten dar.

Alles, was wir hier über fehlende Informationen und den vorläufigen Charakter theoretischer Konzepte, die wir auf die Welt projizieren, gesagt haben, muß natürlich auch für die in diesem Buch aufgestellte Metapher des Chaos gelten. Sowohl die Metapher als auch die Theorie, der sie entsprang, sind Sehweisen. Theorien sind geistige Projektionen auf die unendliche Komplexität der Natur, in der bestimmte Nuancen innerhalb des Flusses herausgehoben werden. Der Physiker David Bohm wies gerne darauf hin, daß die Wörter »Theorie« und »Theater« von derselben griechischen Wurzel *theorein*, »sehen«, stammen. Wissenschaftliche oder philosophische Theorien waren für ihn »Theater des Geistes«. Theorien sind notwendigerweise Provisorien. Sie sind Abstraktionen eines sehr viel größeren Kontextes, zu dem die Natur, die Gesellschaft und das Leben jedes einzelnen gehören. Auch der Kontext, in dem Theorien entstehen, ist Veränderungen unterworfen. Theorien haben daher immer nur für einen bestimmten Zeitraum Gültigkeit, irgendwann scheinen sie an ihre Grenzen zu kommen, gleichgültig, wie weit sie modifiziert werden; und dann veranlaßt das kreative Chaos den Geist dazu, ein neues Theaterstück zu entwerfen.

Metaphern, Theorien und Konzepte mögen noch so provokativ oder kenntnisreich sein, mehr können sie nicht leisten. Für ein intaktes, erfülltes Leben ist jedoch noch etwas anderes nötig, eine besondere Art des Bewußtseins. Doch sobald man den Mangel danach verspürt, stellt sich die Frage ein: »Woher kommt dieses andere? Wie kann ich es ergreifen, mich seiner bemächtigen und meinem Leben nutzbar machen?« Und so beginnt der Kreislauf von neuem. Wir springen zu schnell von der Offenheit der Frage zum Verlangen, sie zu beantworten. Aber was geschieht, wenn das, wonach wir suchen, nicht in der Antwort liegt, sondern im Zentrum der Frage, in den Tiefen der fehlenden Information?

Statt dieses Buch mit einer Zusammenfassung und definitiven Aussagen über das Leben und die Chaostheorie zu beschließen, sollten wir eine Frage stellen.
Welche Frage sollen wir stellen?

© John Briggs

ACHTUNG! DIESEN SATZ NICHT LESEN!

Anhang

Anmerkungen

Vor allen Worten

1 Quinn, Daniel: *Ismael,* München 1992
2 Hesiod: *Theogonie,* München 1991
3 Campbell, Joseph: *Die Masken Gottes.* Bd. 1: *Mythologie der Urvölker,* München 1996
4 *Brer Rabbit,* eine Tricksterfigur afrikanischen Ursprungs, wurde durch die Sklaven in die Neue Welt eingeführt. In den USA wurde Brer Rabbit – was am besten wohl mit »Bruder Hase« zu übersetzen ist – vor allem durch die Geschichten von Joel Chandler Harris (1848–1908) populär, in denen er seine stärkeren und größeren Gefährten *Brer Wolf, Brer Fox, Brer Coon* und *Brer Bear* mit schöner Regelmäßigkeit überlistet. (Anm. d. Ü.)

1. Lektion: Kreativität

1 Krishnamurti, Jiddu: am 16. August 1981, aus: Krishnamurti Foundation Bulletin, November 1989
2 Conrad, Joseph: *Der Bimbo von der »Narcissus«,* Zürich 1994
3 Merleau-Ponty, Maurice: *Sens et Non-Sens,* Paris 1996
4 Medina, Joyce: »Cézanne and Modernism: The poetics of painting«, Albany 1995
5 Fromm, Erich: »Der kreative Mensch«, in: *Gesamtausgabe Bd. IX, Sozialistischer Humanismus und Humanistische Ethik,* Stuttgart 1980
6 Lao-tzu: *The Way of Life,* New York 1962
7 Williams, L. Pearce: *Michael Faraday. A Biography,* New York 1963

8 Whyte, David: *The Heart Aroused,* New York 1990
9 Zur vollständigen Beschreibung von Darwins Lebensbaum siehe Gruber, Howard: »Darwins ›Tree of Life‹«, in: Judith Wechster (Hg.): *Aesthetics in Science,* Cambridge, USA 1978
10 Csikszentmihalyi, Mihaly: *Kreativität,* Stuttgart 1997
11 *I Ging. Das Buch der Wandlungen,* München 1995
12 Humphrey, N. K.: »The Social Function of Intellect«, in: P. G. Bateson/R. A. Hinde (Hg.): *Growing Points in Ethology,* Cambridge, England 1976
13 Shainberg, David: *The Transforming Self,* New York 1973
14 Krishnamurti, Jiddu: am 26. September 1948 in Poona, Indien. Zur Verfügung gestellt vom Archiv der Krishnamurti Foundation of America, Ojai, Kalifornien

2. Lektion: Die Macht des Schmetterlings

1 Lorenz, Edward: *The Essence of Chaos,* London 1993
2 Harris, Marvin: *Menschen. Wie wir wurden, was wir sind,* München 1997
3 Die Zitate von Bolton und Watt finden sich in der großen Halle des Science Museum in Kensington, London.
4 Havel, Václav: *Versuch, in der Wahrheit zu leben,* Reinbek 1989
5 Whyte, David: *The Heart Aroused,* New York 1990
6 Eine weitere Form von negativem Einfluß liegt vor, wenn jemand dem Bewußtseinszustand eines Mobs oder der Raserei einer Menschenmasse verfällt. Diese Person hat ihre Individualität aufgegeben und identifiziert sich vollständig mit der Gruppe. Die verhärtete Grenze ihres Ichs wird synonym mit der Gruppengrenze. Die Gruppe ist ein Grenzzykelsystem.
7 Havel, Václav: a. a. O.
8 Meeker, Joseph W.: *Search of an Environmental Ethic,* Los Angeles 1980
9 Parks, Rosa: *Quiet Strength,* Grand Rapids 1994
10 Lewis, Anthony: *Portrait of a Decade: The Second American Revolution,* New York 1965
11 Musil, Robert: *Der Mann ohne Eigenschaften,* in: *Gesammelte Werke,* Reinbek 1978

12 Man vergleiche Parks' Tat mit der eines Terroristen, der ein Gebäude in die Luft sprengt, weil er hofft, dadurch einen Aufstand anzuzetteln. Der Terrorist lebt nicht »in der Wahrheit«, sondern in der Illusion, durch einen gewaltsamen Akt seine Machtlosigkeit in Macht zu verwandeln und Kontrolle über die Situation zu erlangen.

3. Lektion: Im Fluß

1 Pelletier, Wilfried/Poole, Ted: *No Foreign Land*, New York 1973
2 Goodwin, Brian, zitiert nach: Lewin, Roger: *Die Komplexitätstheorie. Wissenschaft nach der Chaosforschung*, Hamburg 1993
3 Angier, Natalie: »Status Isn't Everything, at Least for Monkeys«, *The New York Times*, 18. April 1995
4 In Wirklichkeit arbeiten auch mechanische Systeme wie Kolben weniger regelmäßig, als ihre graphische Darstellung vermuten läßt. Wissenschaftler befassen sich gerne mit idealisierten Systemen, in denen Kolben ohne Reibung laufen und Uhrpendel keinen Luftwiderstand erfahren. In der Realität sind mechanische Systeme den Eventualitäten der Welt und den Besonderheiten ihrer individuellen Bauweise ausgesetzt. In der Praxis zeigt sich also, daß auch hier ein seltsamer Attraktor am Werk ist.
5 Mander, Jerry: *In the Absence of the Sacred*, San Francisco 1992
6 Weber, Max: *Gesammelte Aufsätze zur Soziologie und Sozialpolitik*, Tübingen 1988
7 Whyte, David: *The Heart Aroused*, New York 1990
8 Ebd.
9 Wheatley, Margaret/Kellner-Rogers, Myron: *A Simpler Way*, San Francisco 1996
10 Whyte, David: a. a. O.
11 Bohm, David, in einem Interview mit John Briggs: »Dialogue as a Path to Wholeness«, in: Marvin R. Weisbord (Hg.): *Discovering Common Ground*, San Francisco 1992
12 »Kollaboratives Gedächtnis« ist ein anderes Beispiel für kollektive Selbstorganisation. Forscher fanden heraus, daß ältere Ehepaare Gedächtnisschwächen (die Unfähigkeit, sich an Namen, Gesichter und Ereignisse zu erinnern) dadurch kompensieren, daß sie sich zu

wahren Experten für Rückkoppelungen entwickeln und sich gegenseitig unterstützen (kollaborieren), um das, was ihnen nicht einfällt, zu rekonstruieren. Laut einer Studie konnten Paare, die zwischen dreißig und fünfzig Jahre miteinander verheiratet waren, wesentlich mehr von einer ihnen vorgelesenen Kurzgeschichte behalten als jüngere Einzelpersonen. »›Diese Befunde stellen die gegenwärtigen wissenschaftlichen Ansichten zum Gehirn in Frage‹, meint die Psychologin Laura L. Carstensen von der Universität Stanford. Statt geistige Aktivitäten ausschließlich als Produkt des individuellen Gehirns zu sehen, bemerkt sie, sollten sich Wissenschaftler damit auseinandersetzen, ob das Gehirn nicht vorwiegend in sozialen Interaktionen existiert und erst dann beeinflußt, was das Individuum denkt und tut.« Bruce Bower, »Partners in Recall«, *Science News*, Vol. 152, Nr. 11 (13. Sept. 1997).

4. Lektion: Die Erkundung des Zwischenraums

1 Wissenschaftler, die sich mit Schwarzkäfern beschäftigten, mußten feststellen, daß sich anhand der Chaostheorie erklären läßt, warum es nicht leicht ist, landwirtschaftliche Schädlinge auszurotten. Bei der Behandlung mit Pestiziden nimmt die Population zunächst nicht ab, sondern fluktuiert heftig. Je mehr (geschlechtsreife) Tiere getötet werden, desto größer sind die Fluktuationen.
2 Heron, Patrick: »Solid Space in Cézanne«, in: *Modern Painters*, Vol. 9, No. 1 (Spring 1996)
3 Lopez, Barry: *Arktische Träume: Leben in der letzten Wildnis*, München 1989
4 Shah, Idries: *Der glücklichste Mensch: Das große Buch der Sufi-Weisheit*, Freiburg 1986

5. Lektion: Die Kunst der Welt

1 Sirén, Osvald: *The Chinese on the Art of Painting*, New York 1963
2 Shepherd, Linda Jean: *Lifting the Veil: The Feminine Face of Science*, Boston 1993

3 Wissenschaftler, die sich mit Komplexität befassen, führen manchmal an, die DNS sei ein Beleg dafür, wie die variierende Iteration einer einfachen Regel oder eines Algorithmus eine Fülle von organischen Formen hervorbringen kann. Im Grunde soll damit nur gesagt werden, daß die Natur im wesentlichen eine Ansammlung von ausgefeilten chemischen Algorithmen sei, die der Mensch mit seinen ausgefeilten mathematischen Algorithmen nachahmen kann. Das Problem ist nur, daß wir uns an eine sehr vereinfachte Sicht der DNS gewöhnt haben. Wie in der 4. Lektion gezeigt, führt allzu große Vereinfachung zu Verzerrungen. Das DNS-Molekül steht mit zahllosen Kräften und Prozessen in Rückkoppelungsbeziehungen, die erst zusammengenommen ein Lebewesen ergeben. Sinnvoller wäre es daher, in der DNS lediglich einen der vielen fraktalen Mikrokosmen zu sehen, in denen sich das Individuum spiegelt.

4 Bach konnte in seinen Fugen das unmittelbare Gefühl der Spontaneität vermitteln, da er diese Spontaneität selbst verspürte, auch wenn er das Stück während des Komponierens unzählige Male überarbeitete. Viele Künstler äußerten sich ähnlich. Wie das Publikum werden auch sie immer wieder von neuem vom Stück überrascht. Diese Wirkung können sie nur erzielen, wenn es ihnen gelingt, ihre eigenen Algorithmen, ihre eigenen Abstraktionen zu unterlaufen. Aber wie das geschieht, ist eines der großen Mysterien (oder eines der *Trickster*-Geheimnisse) der Kunst. Die kreative Selbstähnlichkeit und Differenz, die in der Fuge und zwischen dem Musikstück und dem Zuhörer ihre Wirkung entfalten, finden sich auch in den großen indischen Ragen, bei den afrikanischen Trommeln, den Symphonien romantischer Komponisten wie Brahms oder Beethoven oder in modernen Zwölfton-Kompositionen. Arnold Schönberg, der die Zwölfton-Technik entwickelte, sagte, in der Musik erinnerten Dissonanzen entfernt an Konsonanzen, und was immer in einem Musikstück geschehe, es sei immer nur die endlose Umgestaltung der grundlegenden Form. Virginia Woolf sagte ähnliches über das Schreiben: »Ich erreiche Symmetrie durch unendliche Dissonanz, indem ich alle Spuren zeige, die das menschliche Bewußtsein auf seinem Weg durch die Welt hinterläßt; am Ende komme ich zu einer Art Ganzem, das aus vibrierenden Fragmenten besteht.« Woolf betont das einem Kunstwerk inne-

wohnende »Sein«, als wäre es ein Werk der Natur (was es natürlich auch ist).

5 Trotz der Erfolge der Newtonschen Wissenschaft gab es in den letzten zweihundert Jahren immer wieder Ansätze zu einer ästhetischen Rationalität. Johann Wolfgang von Goethe stand Newton äußerst kritisch gegenüber; die Naturwissenschaften, so sein Argument, ziehen ihr Wissen aus Experimenten, welche die Natur in einen künstlichen Kontext stellen und verhindern, daß sie unmittelbar zum Menschen spricht. Mittels dieser Experimente und Beobachtungen versuchten die Naturwissenschaften eine abstrakte Einheit zu finden, die, wie sie glauben, der natürlichen Vielfalt zugrunde liegen müsse. Goethe dagegen meinte, es müsse möglich sein, eine Art emphatische Einheit mit der Natur zu entwickeln, einen ästhetischen Sinn, der eine unmittelbare, lebendige, konkrete Wahrnehmung der Einheit statt einer abstrakten ermöglicht. Statt die Einheit in der Vielfalt zu suchen, sollten die Naturwissenschaften beschreiben, wie sich das einzelne aus der ursprünglichen Einheit ausbildet.
Der zeitgenössische Biologe Brian Goodwin würde dem zustimmen; seiner Meinung nach könne eine »objektive Intuition« dazu beitragen, die orthodoxen Methoden der Biologie zu erweitern. Eine Pflanze kann sowohl analytisch-abstrakt als auch ästhetisch erforscht werden, so daß sich das Augenmerk auf den »Sinn« oder die »Bedeutung« der Pflanze in ihrer Beziehung zur gesamten Natur verlagert.

6 Die Wissenschaftler, die das Computermodell entwickelten, glaubten nicht, daß das Versprühen von Kohlenwasserstoffen in großen Höhen eine praktische Lösung sei. Aber sie hofften, daß sie damit eine ernsthafte Diskussion in Gang setzten, die zu einer technologischen Lösung des Ozon-Problems führen würde. »Refilling the Ozone Hole«, *The New York Times*, 26. Nov. 1991.

7 Alexander, Christopher: *The Timeless Way of Building*, New York 1979

8 Ebd.

9 Die Bedeutung der Kunst als Mittel der Erkenntnis wurde von vielen Wissenschaftlern anerkannt, unter ihnen Mandelbrot und dem belgischen Nobelpreisträger Ilya Prigogine, der in den siebziger Jahren viele der zentralen Gedanken der Chaostheorie formulierte.

6. Lektion: Leben in der Zeit

1 Künstler haben oft beschrieben, wie ihnen plötzlich und unmittelbar das ganze Stück vor Augen stand, auch wenn die Einzelheiten später, »im Lauf der Zeit«, ausgearbeitet werden mußten. Mozart behauptete, ganze Symphonien und Konzerte seien ihm in einem Augenblick zugefallen, die er dann später lediglich zu erinnern und aufzuschreiben brauchte. Die amerikanische Musikerin Therese Schroeder-Sheker beschreibt ähnliches, nur lag das Stück, das sie vor sich sah, »außerhalb der Zeit«. Es war präsent, aber nicht als temporale Tonabfolge, und mußte später, in der Linearität der Zeit, aufgezeichnet werden.
Für den britischen Komponisten Sir Michael Tippet waren solche Erfahrungen eine Form der »Besessenheit«. »Man ruft nichts an, es ist kein Willensakt. [T. S.] Eliot und ich haben uns oft darüber unterhalten, er meinte, ›die Worte kommen zuletzt‹. Bei mir ist das Gegenteil der Fall, alles erscheint einfach – einfach so, und ich habe es zu akzeptieren.« (zitiert nach Interviews mit David Peat.)

2 Erich Fromm erzählt die Geschichte einer Frau, der träumte, ein Ungeheuer sitze am Fußende ihres Bettes. »Hilfe, Hilfe«, schrie sie. »Was hast du mit mir vor?« Das Ungeheuer antwortete achselzuckend: »Es ist doch Ihr Traum.« Psychotherapeuten weisen oft darauf hin, daß in Träumen jede Figur und jedes Element den Träumer selbst repräsentieren. In ihrem Buch *Individual Object Relations Therapy* schlagen Jill und David Scharff vor, daß jeder Traum die fraktale Manifestierung der Gesamtpersönlichkeit des Träumers sei.

3 Proust, Marcel: *Auf der Suche nach der verlorenen Zeit. In Swanns Welt*, Frankfurt a. Main 1953

4 Shenk, David: »Life at Hyper-Speed«, *The New York Times*, 19. Sept. 1997

5 Nach einer oft erzählten Geschichte fragte ein Gast, der Picasso bei der Anfertigung einer schnell hingeworfenen Zeichnung beobachtet hatte, für wieviel er sie verkaufen würde. Nachdem ihm eine Summe genannt wurde, die an die hunderttausend Dollar betrug, erwiderte der Gast: »Sieh mal einer an, soviel Geld für nur zwei Minuten.« »Aber«, antwortete Picasso, »es waren sechzig Jahre harter Arbeit nötig, damit ich diese Zeichnung anfertigen konnte.«

7. Lektion: Wiedereintritt in das Ganze

1 Kelley, Kevin W. (Hg.): *Der Heimatplanet*, Frankfurt am Main 1995

2 Ebd.

3 Capra, Fritjof: *Lebensnetz. Ein neues Verständnis der lebendigen Welt*, Bern/München 1996

4 Panofsky, Erwin: *On the Abbey Church of St. Denis and its Art Treasures*, Princeton, New Jersey, 1946

5 Ein brillanter Abriß über die Entwicklung der Vorstellung vom Selbst findet sich in einem im *Journal of Personality and Social Psychology* (Vol. 52, No. 1, 1987) veröffentlichten Artikel von Roy F. Baumeister. Im Mittelalter war das Selbst unproblematisch; es wurde vollständig mit dem öffentlichen Selbst gleichgesetzt, das lediglich kundtun mußte, daß es die für die christliche Erlösung notwendige Tugend und Moral besaß. Im vormodernen Zeitraum (16. bis 18. Jahrhundert) begann die Unterscheidung zwischen einem wahren inneren und einem scheinbaren äußeren Selbst. Um diese beiden Seiten miteinander zu versöhnen, entstand das gesellschaftliche Bedürfnis nach »Lauterkeit«. Gleichzeitig wurde Kreativität zum Mittel, um das innere Selbst zum Ausdruck zu bringen – das moderne Verständnis des Selbst begann sich zu entwickeln. Baumeister merkt an, daß »ein abstraktes, verborgenes Selbst schwieriger zu erkennen und zu definieren ist als ein konkretes, sichtbares Selbst. Daher kann die Überzeugung, es gebe ein wirkliches, verborgenes Selbst, das nicht unmittelbar in den Handlungen des Individuums zum Ausdruck kommt, als eine kritische Komplikation des Selbst-Bewußtseins angesehen werden. Das innere Wesen des Selbst, von der modernen Psychologie als axiomatisch erachtet, schien zum ersten Mal im 16. Jahrhundert zu einer allgemeinen Vorstellung geworden zu sein.« Allmählich entwickelte sich das Private, nachdem »bis zum Ende des 17. Jahrhunderts niemand jemals allein war«. Gebäude wurden ab dieser Zeit in Hinblick auf die Privatsphäre errichtet.
Mit den Puritanern wandte sich das Selbst nach innen und wurde zum Selbstbewußtsein, das ständig Sorge trug, der Selbsttäuschung zu unterliegen. Das Wissen vom Selbst wurde zunehmend ungewisser. In der Epoche der Romantik, Ende des 18. und Anfang des 19. Jahrhunderts, war die Selbsterfüllung ein Ziel, das ein Leben

lang und vor allem mit Hilfe der Kreativität und der Leidenschaft der romantischen Liebe verfolgt wurde, während sich das Selbst aufmachte, sein eigenes Schicksal zu erkunden. Das Individuum wurde nun vor dem Hintergrund der Gesellschaft gesehen, gegen die es seine Freiheit zu behaupten hatte. Dies war zur Zeit der amerikanischen Revolution. »Daß ›alle Menschen gleich‹ seien, eine Vorstellung, die in der Unabhängigkeitserklärung der amerikanischen Kolonien (1776) als ›selbstverständliche Wahrheit‹ vorausgesetzt wurde, wäre für den mittelalterlichen Menschen unvorstellbar gewesen.«

Während des Viktorianismus Mitte und Ende des 19. Jahrhunderts wurde das Selbst als heuchlerisch aufgefaßt. Freuds Theorien im 20. Jahrhundert stärkten den Glauben, daß es unmöglich sei, sich seiner selbst bewußt zu sein. Das Selbst wurde zunehmend isoliert und von der Gesellschaft entfremdet gesehen.

Baumeister zufolge hat sich im gegenwärtigen Zeitraum der Glaube an die persönliche Einzigartigkeit weiter verstärkt; Selbsterfüllung wird nun durch öffentliche Aufmerksamkeit (Starkult) und im »Sich-Ausleben« gesucht; das Individuum definiert sich über seine Persönlichkeit und seinen sozio-ökonomischen Status.

6 Eco, Umberto: *Kunst und Schönheit im Mittelalter*, München 1993

7 Goodwin, Brian: siehe Blakeslee, Sandra: »Some Biologists Ask ›Are Genes Everything?‹, *The New York Times*, 2. Sept. 1997

8 Lovelock, James: *Gaia*, München 1996 und *Das Gaia-Prinzip*, Frankfurt am Main/Leipzig 1995; außerdem Margulis, Lynn/Sagan, Dorion: *Slanted Truths: Essays on Gaia, Symbiosis and Evolution*, New York 1997

9 Margulis, Lynn/Sagan, Dorion: *Microcosmos*, New York 1986
Die Chaostheorie trifft die wichtige Unterscheidung zwischen der »Struktur« eines Organismus oder eines Systems und seiner »Organisation«. Damit läßt sich der Unterschied verdeutlichen, der zwischen dem neuen Holismus der Chaostheorie und der mechanistischen Weltsicht besteht, der das Abendland so lange anhing.

Die »Organisation« eines lebenden Systems umfaßt weniger die einzelnen Bestandteile (zum Beispiel Gewebe und Organe), sondern die zwischen ihnen vorherrschenden Rückkoppelungsbeziehungen. Eine Fabrik, eine Luftfahrtgesellschaft, eine Film-Crew und eine lebende Zelle sehen jeweils völlig anders aus, bezogen auf ihre

Rückkoppelungsbeziehungen innerhalb des jeweiligen Systems können sie jedoch auffallende Gemeinsamkeiten aufweisen. Während die mechanistische Sicht ihr Interesse auf die Bestandteile und deren mechanische Interaktionen richtete, konzentriert sich die neue Sichtweise auf dynamische Prozesse, auf Bewegung und Fluß.

10 Damit sind nicht die unterschiedlichen Ansichten gemeint, die in jedem Disput auftreten. Die Chaostheorie geht davon aus, daß, wie in den ersten drei Lektionen diskutiert, die individuellen Standpunkte von unschätzbarem Wert sind – erst die individuellen Unterschiede tragen, aus der Sicht des Chaos, zur Lösung bei. Im alten mechanistischen Kontext können Differenzen nur durch Wettbewerb gelöst werden, was unweigerlich zu Kompromissen oder zur Durchsetzung einer Meinung führt, die sich dann als die »herrschende« ausgibt.

11 Gore, Rick: »Andrew's Aftermath«, *National Geographic*, April 1993

12 Durch Rückkoppelungen können Menschen angeregt werden, sich zusammenzutun und anderen zu helfen, genauso gut können sie sich dadurch aber auch zu grölenden Menschenmengen, Mobs und politischen Gruppierungen wie die NSDAP vereinigen. Die Individuen, die den Opfern des Hurrikan Andrew halfen, zeugen von dem tiefen Gespür für eine Einheit, die (zumindest momentan) Klassen- und Rassenunterschiede überwinden kann. Die Rückkoppelungen, die durch sie zum Ausdruck kommen, sind Teil eines großen »offenen Systems«. Der nationalsozialistischen Vision des Ganzen fehlte jegliche Differenzierung und Freiheit. Die Rückkoppelungen schlossen hier die Individuen in einem mächtigen Grenzzyklus ein.

13 Frankl, Viktor E.: *... trotzdem Ja zum Leben sagen. Ein Psychologe erlebt das Konzentrationslager*, München 1995

14 Conrad, Joseph: *Der Bimbo von der »Narcissus«*, Zürich, 1994

Nach allen Worten

1 Jung, Carl G.: *Grundlagen der Analytischen Psychologie*, Olten/Freiburg 1975

2 Cavendish, Richard: *The Black Arts*, New York 1968